トランプ2.0時代のリアルとは？

新世界情勢地図を読む

宮家邦彦　Miyake Kunihiko

PHP

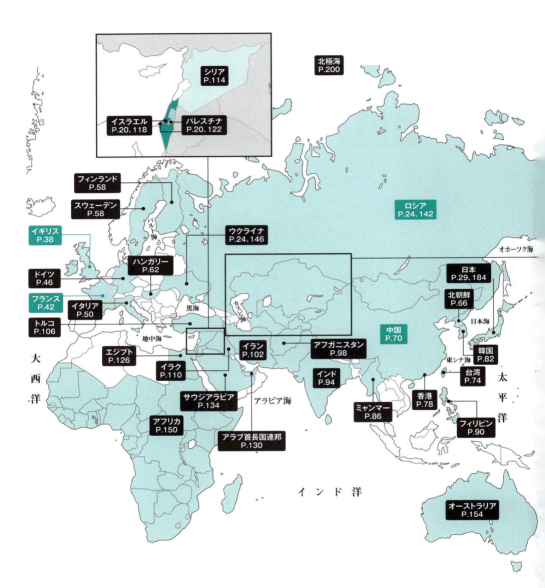

本書の見出し(項目名)に登場する国・地域

国名の周りを緑色で塗られた国は国連安全保障理事会(国連安保理)の常任理事国

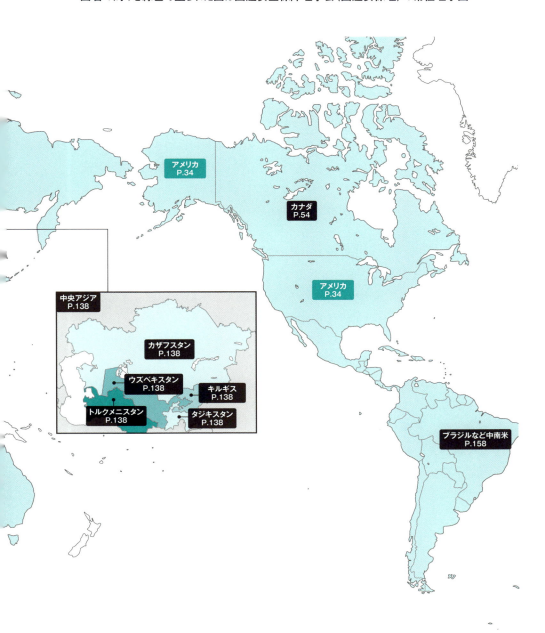

プロローグ ▶▶
まず読んでいただきたいこと

　本書を世に問うてから早くも2年近くが経ちました。昨年（2024年）11月のトランプ再選以降、世界は大きく変わりつつあります。第2次世界大戦終了後の80年間、私たちが慣れ親しんできた世界情勢や国際常識が不可逆的に変化し始めたかのようです。私自身、こうした状況を踏まえ、新たな視点から本書を一部修正せねばと考えていました。

　幸い、出版元のPHP研究所からも本書の改訂版執筆につき依頼があり、ここは「渡りに船」「機は熟した」とばかり、この度2023年版に手を入れることにしました。それでも、「国際情勢をめぐる諸問題一つ一つを簡潔に、しかしある程度詳しく、しかも分かり易く解説する」という本書の当初の目的は一切変わっていません。

　前回はロシアによるウクライナ侵攻後の国際情勢を前提に書きました。しかし、23年10月に始まったガザ等でのイスラエルと親イラン勢力の軍事衝突や、24年11月の米大統領選でのトランプ再選、更には12月の尹錫悦韓国大統領の弾劾やシリア・アサド政権の崩壊などにより、国際情勢は益々混迷の度を深めています。本改訂版ではこれらを踏まえ、新たな国際情勢を如何に理解すべきかを解説します。

　個々の国際情勢は「動画」であって、「静止画」ではありません。内外メディアが報ずる国際ニュースは、国際情勢の大きな歴史的流れという「長編動画」の、現時点での僅か「1コマ」を、「静止画」として見ているに過ぎないのです。もし皆さんが「静止画」の良し悪しに拘泥するあまり、「長編動画」の全体の流れや背景を軽んじれば、個々の国際情勢を客観的かつ正確に分析・理解することはできないでしょう。

　前回同様、本書では、これまでの国際情勢解説書とは違う手法を試みています。**この本には悪魔と天使が登場します。悪魔は個々の国際情勢について「公式見解」ではない、場合によっては悪意に満ちた分析や陰謀論を読者に「ささやき」ます。**これに対し、天使は「それは違う」とばかり、より正統で常識的ながら、往々にしてあまり面白くもない分析や結論を「さえずり」

ます。

　悪魔と天使の意見が出揃った後、個々の国際情勢の現状を私が解説編でより詳しくご説明します。**本書では天使のさえずりが常に正しく、悪魔のささやきが常に間違っているという保証はありません。**場合によっては、悪魔のささやきの方が正しい場合だって十分あり得ますからね。どちらが正しいかについては、「解説」「採点」の部分で私なりの大局観に基づき、一応最善と思う分析を書きましたが、最終的には読者各位で判断してください。

　本書は「解答」を示すだけでなく、読者が真実を探求するための「触媒」を提供することも重視しました。**私が常に注目するのは、先に申し上げた「大きな歴史的流れ」に加え、対象となる国家や事象の、①歴史・内政、②経済、③外交・軍事、④社会・文化といった諸要素です。**本書の各項目では、悪魔と天使がこの4要素を念頭に語ることから始まり、解説編でより詳しい説明を加え、それぞれ完結する構成となっています。

　第2次大戦後、最大のグローバル危機に世界と日本が直面している今、本書は数ある国際問題の中から、新たにトピックス3項目（第2章）と、それ以外に44項目（第3章、第4章）を選びました。その上で、多くの地図や図表を使いながら、各項目について地政学、歴史、宗教、民族、イデオロギーなどの様々な要因を踏まえつつ、問題の核心をできるだけ易しく、かつ深掘りして解説するよう努めました。

※※

　この場をお借りして、前回同様、ずぼらな筆者を最後まで見放さなかったPHP研究所ビジネス・教養出版部の山口毅さんの情熱と忍耐力に感謝します。また、事実関係から見栄えまでベストを追求してくれたPHPエディターズ・グループの伊藤香子さん、校正の小川文さん、メディアミックスの平岡眞弓さん、装丁の一瀬錠二さん、図版作成のスタジオアイスの室井明浩さんにも御礼申し上げます。

　内容の不備の責任は全て筆者にあります。また、時には一般通説とは全く異なる部分もあるかもしれませんが、本書が読者にとって国際情勢の更なる理解に少しでも役立つことを心から願っています。

宮家邦彦

目次──新・世界情勢地図を読む

本書の見出し(項目名)に登場する国・地域　2
プロローグ　まず読んでいただきたいこと　4

第1章　国際情勢を学ぶために不可欠の視点
──歴史の大局観

大局観をもつ

80年の「戦間期」が終わり、主要国の指導者が判断ミスを繰り返す……12

　愚者は経験に学び、賢者は歴史に学ぶ　12
　歴史は繰り返さないが、時に韻を踏む　13
　有事の際は経済合理性でなく、歴史の大局観で判断する　14
　第1の押韻：2020年代と1930年代の類似点・相違点　14
　第2の押韻：独立戦争、南北戦争、公民権運動、トランプ現象　16
　第3の押韻：トランプ再選と第2次大戦後「戦間期」の終焉　17

第2章　「静止画」から「動画」へ
──今世界で何が起きているか

イスラエル・ハマース戦争と中東情勢

第5次中東戦争は勃発するのか……20

ウクライナ戦争

戦略的判断ミスをしたロシアに出口はない……24

AI技術の規制

日本ではAI技術の功罪に関する議論が十分ではない……29

第3章　各国・地域編

アメリカ
社会の分断はこれまで何度も起きていた……34

イギリス
中国抑止を念頭にイギリス海軍が太平洋に帰ってきた……38

フランス
既存政党に代わる新世代リーダーが育っていない……42

ドイツ
「ユーロ」が逆にドイツの独り勝ちを生んだ……46

イタリア
「極右」メローニ政権の親欧州現実主義はいつまで続く？……50

カナダ
アメリカの隣国ながら対米「愛憎半ば」するカナダ……54

フィンランドとスウェーデン
移民・難民問題が高福祉社会を脅かす……58

ハンガリー
EUの異端児か、未来の欧州の先駆者か……62

北朝鮮
独裁国家が内部から崩壊する可能性は低い……66

中国
独裁的権力集中で国際的孤立を深めていく……70

台湾
民衆の94％が自分たちは「台湾人」と考えている……74

香港
このままでは中国の一地方都市に成り下がっていく……78

韓国
日本と韓国が和解する可能性はゼロではない……82

ミャンマー
国軍が文民政治への転換を考える可能性は低い……86

フィリピン
スペイン植民地主義とアメリカ民主主義の奇妙な融合……90

インド
近い将来、同盟国をもつことはない……94

アフガニスタン
再び麻薬経済に逆戻りする可能性は十分にある……98

イラン
サダム・フセインの判断ミスが湾岸地域の混乱を招いた……102

トルコ
NATOには加盟できてもEUには入れない宿命……106

イラク
欧米とイランの代理戦争の場となりつつある……110

シリア
半世紀続いたアラブ社会主義世俗政権の崩壊……114

イスラエル
「ユダヤ陰謀論」なるものは根拠がない……118

パレスチナ
世界中から見放されつつある流浪の民……122

エジプト
数多くの「IDカード」を持つ中東・アフリカの貧しい大国……126

アラブ首長国連邦
世界中からカネ・ヒト・モノを引き寄せて繁栄……130

サウジアラビア
人口が急増し、原油所得は5分の1に下がった？……134

中央アジア
「大国間の狭間」を逆手に取って利益を得る……138

ロシア
プーチンの判断ミスで国家の危機に……142

ウクライナ
不正・腐敗を撲滅しない限りEU、NATOへの加盟は無理……146

アフリカ問題（貧困・飢えなど全般）
旧宗主国の圧政で「統治の正統性」が傷付いた……150

オーストラリア
中国への過度の依存を反省し対中政策を大転換……154

ブラジルなど中南米諸国
アメリカの足元で反米左翼政権が増えている？……158

第4章　ワールドワイド編

サイバー戦
日本はこの種の脅威に対しあまりにお粗末……164

国際連合など国際機関
国連に代わってG7やNATOが一定の役割を果たしている……168

軍縮・軍拡
核抑止論は理論というよりも信仰に近い……172

世界の紛争
大国が関与しないと抑止や停戦は難しい……176

グローバルサウスの台頭・BRICS
多様な途上国の便宜的な集まりに過ぎない？……180

日本の領土を取り巻く環境
韓国、ロシアの不法占拠は解決できるのか……184

NATOとEU
ヨーロッパの複雑怪奇さは今も変わらない……188

地球環境問題とSDGs
温暖化もSDGsも科学というより信仰に近い……192

人権問題、人種差別
機能しない人権理事会など本当に必要なのか……196

海洋・北極海
温暖化する海洋が新たな国際紛争を引き起こす!?……200

宇宙空間
宇宙の軍事利用を中国も虎視眈々と狙っている……204

経済圏構想
中国の加盟でWTOは機能低下した……208

●本書の見出し(項目名)に登場する各国・地域の基礎データ……212

本書の内容は、特に断りのない限り、2025年1月現在の情報に準拠しています。

第1章

国際情勢を学ぶために不可欠の視点

歴史の大局観

大局観をもつ ▶▶▶
80年の「戦間期」が終わり、主要国の指導者が判断ミスを繰り返す

　既に述べた通り、国際情勢は「長編動画」であり、個々の事件はその1画面、「静止画」に過ぎません。個々の事件は、それぞれ一時的または特殊な原因や理由で起きる場合もあるでしょうが、多くの場合、それを超えた大きな歴史的流れの一環として発生しています。

　私はこうした流れを「歴史の大局」と呼びます。時々の「静止画」をより正確かつ客観的に理解・分析するためには、歴史の流れを摑む必要があると思うからです。

「大局観」があれば、複雑怪奇な過去の経緯もスルッと頭に入り、先が見えてきます。逆に、「大局観」を欠くと、相矛盾する夥しい量の情報に圧倒され、時々のフェイクニュースや陰謀論に惑わされてしまいます。

　私はこれまで、国際情勢を歴史的因果関係から見ようとせず、日々のマーケットの動きに振り回されて、国際情勢の本質の判断を誤ったエコノミストや市場関係者を数多く見てきました。

　では、どうすれば「大局観」をもてるのでしょうか。

　私の大学での専攻は法学でしたが、**「歴史の大局観」を得るのに歴史学は必ずしも不可欠ではありません。**不肖私が歴史にやっと興味をもったのは51歳で外務省を辞めた時からです。「大局観」に俄然興味が湧いてきたのは、歴史に関する次の二つの「格言」に触れたからでした。まずは第1の格言からご紹介します。

愚者は経験に学び、賢者は歴史に学ぶ

　プロシアの名宰相ビスマルクの言葉だと言われています。

　要するに、全く予測しなかった事態に直面した際に、**「頭の悪い人は、せいぜい数十年しかない個人的経験に基づいて判断するのに対し、頭の良い人は、過去数千年の人間の歴史、特に、人類の様々な成功例と失敗例の中から学んだ貴重な教訓に基づいて判断する」**ということでしょう。もちろん、言

うのは簡単ですが、行うのは結構難しいですよね。

ここまで書いてくると、「何だ、そんなこと分かってるよ。その貴重な教訓が知りたいんだ！」とおっしゃる方もいるでしょう。

でも、こうした教訓も千差万別、「急がば回れ」と「沈黙は金」など、相矛盾するような知恵は山ほどあります。このことからも、教訓だけでは「大局観」をもてないことが分かります。

理由は簡単、**問題は「教訓」ではなく、「因果関係」**だからですよね。続いて、第2の格言に移りましょう。

 歴史は繰り返さないが、時に韻を踏む

こちらはアメリカの名作家マーク・トウェインの言葉だと言われていますが、これには諸説あります。

それはともかく、この格言の意味は、**「歴史上、過去の事象が完全に繰り返されることはないが、時々似たような現象が起こる」**ということでしょう。

なるほど、でも、その「似たような現象」とは何でしょうか。それは昔見られた歴史の流れ、すなわち「**カスケード（連鎖）**」が、形を変えて繰り返されることで生じる現象だと私は考えています。

具体例を挙げましょう。

例えば、経済の世界には「不況になる→金利を下げる→マネーサプライが増える→好況になる→インフレになる→不況になる」といった俗説的カスケードがあるとします。

こうしたカスケードを国際政治史の中に幾つか見出し、**今起きている特定の国際情勢が、どの連鎖に「似ているか、似ていないのか」を考える**のが私の定石です。

ここで注意すべきは、「カスケード」の妥当性です。物事の連鎖には、必ず「因果関係」があります。これを正しく分析できていれば、その「カスケード」の信頼性は高まります。

しかし、「因果関係」と「相関関係」を混同してはいけません。**個々の事象に一定の「相関関係」がある、すなわち相互に関連するからと言って、それに「因果関係」があるとは限らない**からです[1]。両者を混同してしまうと

[1] https://diamond.jp/articles/-/102692

「歴史の大局観」には到達できません。

有事の際は経済合理性でなく、歴史の大局観で判断する

以上を前提に、私が勝手に作ったのが、この第3の格言です。

平時、すなわち不確実性が低く、予測可能性が高い時代には、経済合理性の原則が妥当します。突発事項は限りなく少ないですから、安心して「金儲け」をすれば良い時代です。

問題は、1945年から曲がりなりにも続いた、この古き良き時代が、21世紀に入って、どうやら終わりつつあるらしいということでしょう。

先が読めなくなると、正しい情報も入って来なくなります。特に、時代が平時から有事に近付き始めると、国内外の情勢は一層流動化していきます。そうなれば政治指導者は「経済合理性」とは別の基準、すなわち「戦略合理性」に基づいて政策判断を下し始めます。

実は、ここに大きな落とし穴があります。それは、**経済合理性よりも戦略合理性に基づく判断の方が、遥かに難しいからです。戦略合理性に基づく判断が難しければ難しいほど、政治指導者が判断を誤る可能性は高まります。**

こうして、政治指導者は、有事に近付けば近付くほど、深く考える時間や余裕がなくなり、その場の勢いや偶然などによって、判断ミスを繰り返すようになります。判断ミスが積み重なると、平時とは違い、間違いは是正されません。

そんな誤った判断が積み重なると「新常態」が生まれ、その下で新たな判断ミスが繰り返されるのです。こうした判断ミスを避けるために必要なのが**「歴史の押韻」という発想に基づく「歴史の大局観」**なのです。よく分からない？ なるほど、それではまず、「歴史の押韻」について今私が考えている三つの仮説をご紹介しましょう。

第1の押韻：2020年代と1930年代の類似点・相違点

私が考えている第1の仮説は、「2020年代のインド太平洋地域は、1930年代の東アジアの歴史と韻を踏む」のではないか、というものです。

もちろん、当時の歴史が完全に繰り返されるはずはありません。しかし、両時代の類似点と相違点を「歴史の大局観」から考えてみる価値はあると思っています。

私の仮説は次の通りです。

> ❶東アジアに強力な新興国が台頭する
> ❷その新興国は、現状は不正義であり、必要ならば武力を使ってでも変更すべきだと考える
> ❸その新興国は、アメリカの国力を過小評価し、西太平洋におけるアメリカの海洋覇権に軍事的に挑戦する

というものです。

第1次世界大戦で日本は債権国となり、一等国になったと錯覚し傲慢になりましたが、経済は1929年のニューヨーク株式市場の大暴落、1930年の金解禁などにより疲弊し、農村も荒廃しました。農家の優秀な次男、三男が軍に入ったのはその頃です。

1931年の満洲事変で日本は国際的に孤立し、1932年のリットン報告で満洲国建国を否定され、1933年には国際連盟から脱退しました。

中国にとっての第1次世界大戦は、2001年の9・11同時多発テロでした。長期経済成長が続き、中国は一等国になったと錯覚して傲慢になりますが、同時に都市と農村の格差も拡大しました。南シナ海での人工島創造は中国にとっての満洲事変です。常設仲裁裁判所は「九段線」を根拠なしと判断し、中国の国際的孤立が始まりました。もちろん、賢い中国が拒否権をもつ国際連合から脱退することはありません。

1933年にヒトラーが台頭し、1937年には日中戦争が勃発、1940年に日独伊三国同盟ができ、1941年には独ソ戦が勃発し、日本はフランス領インドシナに進駐しました。アメリカからハルノートという最後通牒を受け、日本は真珠湾を攻撃します。

歴史が韻を踏むとすれば、中国にとってウクライナ戦争は現代の独ソ戦ではないでしょうか。中国、ロシア、イランの連携は日独伊三国同盟とどこが

違うのでしょう。アメリカ下院議長の訪台で、中国は台湾を包囲する軍事演習を開始する……。

歴史が韻を踏むのはいったいどの部分でしょうか。

私が恐れるのは、1930年代と同様、2020年代も、主要国の政治指導者が勢いや偶然により判断ミスを繰り返すことです。最近の例では、トランプ、バイデンのアフガニスタンからの米軍撤退決定、プーチンのウクライナ侵攻、習近平のロシアへの肩入れ、バイデンの台湾「曖昧戦略」見直し、ペローシ下院議長の訪台、習近平の台湾周辺軍事演習実施、ハマースのイスラエル奇襲とイスラエルの掃討作戦、ウクライナへの北朝鮮兵士派遣、トランプの再選、韓国大統領の戒厳令騒動と弾劾成立、シリア政権崩壊と大統領のロシア亡命など、枚挙に暇(いとま)がありません。

第2の押韻：独立戦争、南北戦争、公民権運動、トランプ現象

歴史の押韻に関する私の第2の仮説はアメリカ史に関するものです。最近「米国の分断」に注目が集まっていますが、個人的には、アメリカ合衆国という国家は建国以来一貫して、「北部の清教徒的理想主義」と「南部の重商主義的植民地主義」という二つの異なる勢力の対立により分断されてきたと思っています。

それでも、この国が「アメリカ的」であり続けたのは、18世紀の独立戦争、19世紀の南北戦争、20世紀の公民権運動など、アメリカ史の節目節目で、北部の理想主義が南部の商業主義に勝利してきたからです。その意味では、最近の「トランプ現象」はアメリカ史上四度目の大規模な「南北対立」という歴史の押韻だと思います。

2024年のトランプ再選と上下両院・最高裁判所の共和党支配の確立は、北部の理想主義の敗北を意味します。アメリカは「例外的な国」だと一部米識者は主張してきましたが、民主党ハリス候補の敗北はこのような「アメリカ例外主義」の「終わりの始まり」を意味するのかもしれません。これが私の第2の仮説です。

第3の押韻：トランプ再選と第2次大戦後「戦間期」の終焉

　第3の仮説は「戦間期」に関するものです。近代の「民族国家」は1648年のウェストファリア条約により生まれましたが、その後民族国家間の熾烈な争いが第1次世界大戦を生み、欧州は荒廃しました。戦後は不戦条約が結ばれ、国際連盟も設立されましたが、ドイツに巨額の賠償金が課され、アメリカも国際連盟に加入しなかったため、この「戦間期」の国際主義的改革の試みは成功しませんでした。

　第2次世界大戦後は、第1次大戦後の混乱への反省から、マーシャルプランが実施され、国際連合、世界銀行、IMF（国際通貨基金）などが相次いで設立され、国際主義的気運がようやく定着していきます。現在のグローバル化の流れの原点は、第1次大戦後の「戦間期」における「国際主義の失敗」という教訓に基づいています。

　ところが、ソ連崩壊後の1990年代から、世界ではIT化・グローバル化の流れが進む一方、経済格差と流入移民が拡大します。新たな潮流に乗り遅れた一般庶民の既存エリート層に対する不満と憤怒の声は、既存の中道勢力ではなく、より極端な政策を主張する極左と極右の両勢力へと流れていきました。どこか第1次大戦後の「戦間期」に似ていますよね。

　こうして第2次大戦後に欧米の趨勢となった「啓蒙主義的国際化・自由化政策」は徐々に否定され始めます。トランプ再選を契機に、時代は「国際主義」から再び、民族国家単位の「自国第一主義」に回帰しつつあり、私たちが享受してきた過去80年間の平和な「戦間期」は終わってしまうのではないか。これが私の第3の仮説です。

　こう考えれば、今回の「バイデン・ハリス敗北」「トランプ再選」は単なる米内政のエピソードではなく、今後国際政治の趨勢が従来の「国際主義」から「民族第一主義」や「ポピュリズム」の時代に逆戻りする前兆なのかもしれません。本当は、こんなこと決して書きたくはないのですが……。

　考え始めたらキリがありませんので、「大局観」の話はもうこのくらいにしましょう。次章では現在の主要な国際情勢について論を進めます。

第2章

「静止画」から「動画」へ

今世界で何が起きているか

本章では今後世界を大きく変える可能性が高い三つの大きな流れを見ていきます。

第1は、中東地域と原油供給の安定を揺るがしかねないイスラエル・ハマース戦争について、第2は、ヨーロッパのバランス・オブ・パワーを大きく（恐らく不可逆的に）変えてしまったウクライナ戦争について、最後は、最近急速に発達しつつあるAI技術とその規制問題を取り上げます。

イスラエル・ハマース戦争と中東情勢 ▶▶▶
第5次中東戦争は勃発するのか

　2023年10月7日、パレスチナのイスラム組織ハマースは突如イスラエルに対し大規模な奇襲攻撃を仕掛けました。イスラエル人など約1200人が殺害され、200人以上が人質となりました。なぜハマースはこの時期を選んだのか、なぜ攻撃は成功したのか、ガザでの戦闘はイスラエルとイランの直接戦闘に発展しないのか、シリア・アサド政権の崩壊は更なる混乱の序曲なのか、などなど疑問は尽きません。

 悪魔のささやき

❶ 攻撃開始の兆候があったにもかかわらず、ハマースを過小評価したネタニヤフ政権は虚を突かれた。イスラエル防衛史上最悪の失態で政治責任が問われるネタニヤフ首相はハマース殲滅まで戦闘を止めない

❷ 当時はイスラエルとサウジアラビアの関係正常化交渉が水面下で進んでいた。これに強い危機感を抱いたハマースは絶妙のタイミングで攻撃を仕掛けたが、イランが直接関与したかは不明である

❸ 今回の戦闘でパレスチナ側には4万人以上の犠牲者が出ているが、ハマースは戦闘員と非戦闘員を区別せず、病院や学校を軍事拠点とし、女性・子供を含む非戦闘員を「人間の盾」にしている

❹ イランとイスラエルの大規模直接戦闘や第5次中東戦争の可能性は低い。イスラエル・米国は戦争長期化を、軍事的に不利なイランも敗戦による体制崩壊を、それぞれ恐れ、大規模戦争を望んでいないからだ

 天使のさえずり

❶ イスラエルの攻撃はパレスチナに対する「ジェノサイド（民族集団虐殺）」であり、容認できない。イスラエルは意図的に非戦闘員のいる病院やモスクを狙って攻撃しており、国際法上の「戦争犯罪」に該当する

❷ ネタニヤフ首相は奇襲攻撃を防げなかった政治責任の追及と「極右」連立政権の瓦解を恐れているだけであり、戦闘継続に正当性はない

❸ 4万人以上のパレスチナ側犠牲者の大半は女性と子供であり、欧米諸国を含む国際社会はこのような人道的悲劇を黙認すべきではない

❹ イスラエルはイランの核武装化を恐れており、意図的にイランを挑発して、対イラン直接攻撃を繰り返そうとしている

宮家の解説

① なぜ2023年10月7日というタイミングだったのか

　パレスチナ問題の解決が停滞する中、イスラエルよりもイランからの脅威を懸念するアラブ首長国連邦など一部アラブ諸国は2020年にイスラエルとの関係正常化に踏み切りました。更に2023年に入るとイスラエルとサウジアラビアとの関係正常化交渉も進展し、合意は間近だったともいわれています。

　しかし、こうした動きはハマースやイランにとっては悪夢でしかありません。イスラエルとイスラム世界の盟主サウジアラビアとの関係正常化が進めば、ガザを含むパレスチナ問題は一層矮小化されます。イランの直接関与の有無は不明ですが、今回ハマースは奇襲攻撃で自らの存在感を誇示し、形勢挽回を試みたのだと思います。

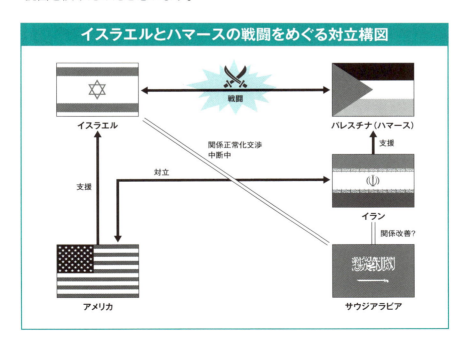

イスラエルとハマースの戦闘をめぐる対立構図

② なぜハマースの攻撃は成功したのか

　振り返ってみればイスラエルのネタニヤフ首相自身、ハマースがこれほど大規模な攻撃を仕掛けてくるとは予想していなかったようです。

　事前にハマースの戦闘訓練状況などの情報は随時上がっていたようですが、首相府はそれを重視しませんでした。これは典型的な「**情報活動の失敗（インテリジェンス・フェイリュアー）**」です。ハマースの戦闘部隊は地下トンネル内に潜み、隠密行動に徹しました。ハマース指導部に関する人的情報の不足も深刻だったようです。今回ハマースによるサプライズ攻撃を許したことは、イスラエルにとって1973年の第4次中東戦争以来の大失態です。当然これを防げなかったネタニヤフ内閣の政治責任を問う声もあります。連立政権の崩壊を恐れたネタニヤフ首相は「進むも退くも地獄」で、ハマース殲滅作戦を続ける以外に選択肢はなかったのでしょう。

③ アメリカはいつまでイスラエルを支持し続けるのか

　アメリカ国内にはユダヤ系だけでなく福音派キリスト教徒など数千万人もの強力な親イスラエル勢力がいます。アメリカのイスラエル支持が本格化したのは1967年の第3次中東戦争からですが、中東の安定を求めるアメリカ

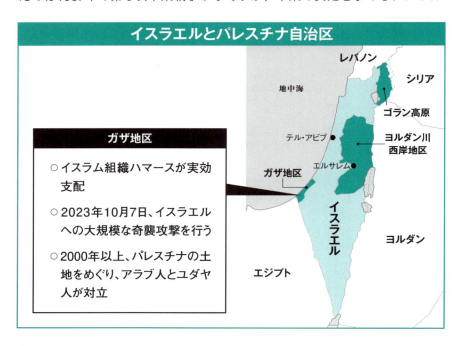

にとってイスラエルは数少ない同盟国の一つであり、歴代政権は超党派でイスラエルを支持してきました。

ところがパレスチナ側の分裂で中東和平交渉が停滞し始めてからは、アメリカとイスラエルの温度差が表面化し、特に今回は、戦闘の早期停止を求めたバイデン政権とネタニヤフ政権で意見が対立しました。但し、親イスラエル色の強い第2期トランプ政権の下では、アメリカは従来のイスラエル支持を続けるだろうと思います。

④第5次中東戦争は起きるのか

これまでイランとイスラエルは相互抑止が機能していました。イスラエルとアメリカにとってイランとの本格戦争は泥沼化する可能性があります。イランも、イスラエルやその裏にいるアメリカとの戦争には勝てないし、下手をすれば、敗戦によりイスラム共和制が崩壊しかねないので、それぞれ大規模戦争を望まなかったからです。

ところが、今回はイスラエルとイランが相互に直接相手国領土に対する攻撃を始め、今や「米国vs.イラン」代理戦争となりつつあります。このまま戦闘が湾岸地域まで拡大すれば原油供給に支障が出る可能性はありますが、これまでのところ、イランもイスラエルも報復攻撃は限定的です。第5次中東戦争の可能性は低いと思いますが、イスラエルがまだイラン核施設攻撃を諦めてはいないことだけは気掛かりです……。

最後に、悪魔と天使のコメントのそれぞれについて、私の採点とその理由を書いておきます。◎は全肯定、○は肯定、△は肯定でも否定でもない、×は否定を表しています。この「採点」は、これからも各項目の最後に掲載します。

宮家の採点

悪魔のささやき
- ❶○ ネタニヤフは政治的生き残りのためなら何でもする老獪な政治家である
- ❷○ サウジ・イスラエル交渉は中断したが、いずれ再開する可能性が高い
- ❸○ ハマスの戦術は非人道的だが、ハマスの目的には適っている
- ❹○ イランの報復攻撃は国内説明が可能でイスラエルを挑発しない程度に限定

天使のさえずり
- ❶△ 非戦闘員の被害は軍事的に不可避だが、政治的には正当化が難しい
- ❷△ 下手に停戦に応じればネタニヤフ内閣が崩壊する可能性は十分ある
- ❸△ 人道上正当化できない同盟国の行動はアメリカも全面支持できない
- ❹○ トランプ再選によりアメリカの対イラン政策は一層厳しくなる

ウクライナ戦争 ▶▶▶
戦略的判断ミスをしたロシアに出口はない

　2022年2月24日、ウクライナで始まったプーチン大統領の「特別軍事作戦」から約3年が経ちました。トランプ政権の再登場でこの戦争に終止符が打たれるか、泥沼の消耗戦が続くかで、欧州の将来は大きく変わります。今日の欧州情勢を正確に理解するためには、この戦争の意味を正しく分析し、現在の国際政治・経済の潮流の中で、この戦争が如何なる意味をもつかを知る必要があると思います。

 悪魔のささやき

❶ **NATO（北大西洋条約機構）** が進めた「**東方拡大**」は、ロシアにとって国家安全保障上の重大な脅威であり、**プーチン大統領** には **ウクライナ侵攻** に踏み切らざるを得ない切実かつ正当な理由があったことを忘れてはならない

❷ 就任後に **クリミア半島奪還** を主張する対露強硬政策を打ち出すなど、**ゼレンスキー・ウクライナ大統領** はロシアを必要以上に挑発したのであり、戦争勃発の責任の一端はウクライナ側にもある

❸ アメリカも例外ではなく、侵攻前に「米軍介入はない」と明言した **バイデン前大統領**、「就任後24時間以内に終結させる」と豪語した **トランプ大統領** は、前者はロシアの侵攻を黙認し、後者はプーチン大統領に戦争勝利を確信させた責任が、それぞれにある

❹ この戦争は多数の民間人を巻き込む悲惨なものであり、長期化すればロシアが戦術核兵器を使用する可能性すらあるので、1日も早く無条件で停戦すべきだった

 天使のさえずり

❶ NATOの東方拡大は当時のヨーロッパ政治の潮流であり、NATO内でも「拡大」に反対する意見は少数だった

❷ 2014年のロシアによる **クリミア併合** は国際法違反であり、ゼレンスキー

大統領の主張は正当である
❸ 米軍不介入宣言は、ウクライナにおける戦闘を核戦争にエスカレートさせないために必要不可欠だった
❹ 戦争の帰趨（きすう）は「外交」ではなく「戦場」で決まるが、ロシアが核兵器を使う可能性は限りなく低い

宮家の解説

ロシアのウクライナ侵攻開始前、多くのロシア専門家は「侵攻などあり得ない」と分析[2]していました。なぜ彼らは侵攻を正確に予測できなかったのでしょうか。

不勉強？　とんでもない。彼らは**プーチンという人物の人となりを詳しく調べ、かくも冷徹で狡猾（こうかつ）なプーチンが、ロシアを崩壊させるようなバカな戦争を始めるはずがない、と結論付けました。**

専門家たちの最大の誤りは、プーチンも「人の子で、間違える」ことを予測できなかったことです。

① プーチン大統領の戦略的「判断ミス」

なぜプーチンは判断を誤ったのでしょうか。驕（おご）り、怒り、老化など様々な説がありますが、私の仮説は、プーチンがロシアの民族主義イデオロギーに固執するあまり、国家と国民の長期的利益を犠牲にした、というものです。一般に、政治指導者の判断ミスは「高く」付きます。特に、その**指導者が絶対的独裁者である場合、その判断ミスを矯正することは事実上不可能に近い**ので、非常に厄介（やっかい）です。

プーチンの誤算は大きく分けて四つあります。

第1の誤算は、ロシア軍の能力不足とウクライナ軍の大善戦でした。自分が生まれた故郷を守るウクライナ人と他国を侵略するロシア人では、戦う意欲、すなわち兵士の士気のレベルが違うのも当然でしょう。

第2の誤算は、ウクライナに対する間違った歴史認識です。ウクライナは元々独立国で、「ロシア化」したのは18世紀以降に過ぎません。皮肉なことに、ウクライナという民族国家を再び作ったのは他ならぬプーチン自身でした。

第3の誤算は、プーチンの予想を超えたNATOの結束力でした。**NATOは**

[2] 例えば、「ロシアのウクライナ侵攻はあり得ない、これだけの理由」(https://jbpress.ismedia.jp/articles/-/68584)。

ソ連崩壊後、同盟に不可欠な「敵」を失いました。ところが、ロシアはNATOに不可欠な「敵」として復活し、NATOの存在意義を回復させてしまったのです。

　第4の誤算は、ロシアの情報戦能力の貧弱さです。ロシアは2016年のアメリカ大統領選挙でそのサイバー「攻撃」能力の高さを世に示しましたが、今回はアメリカの情報戦攻撃の前に、そのサイバー「防衛」能力の脆弱さを露呈しました。

② プーチンはいつ侵攻を決断したか

　公開情報を見ると、アメリカがウクライナ国境沿いのロシア軍の動きに警告を発し始めたのは侵攻開始10カ月前の2021年4月です。10月にはアメリカの国防長官がウクライナを訪問して支援を表明し、12月になるとアメリカ政府はロシア軍の侵攻が「差し迫っている」と警告し始めました。

　ロシアはもっと早く侵攻したかったのでしょうが、結果的に侵攻開始は翌2022年2月24日となりました。私は、プーチンが最終的に侵攻の腹を決めたのは、米軍がアフガニスタンから撤退した2021年8月末だったと思っています。

③ NATOの東方拡大は間違いだったのか

これには両論あります。

ロシア側は、1990年2月9日にアメリカのベーカー国務長官がソ連のゴルバチョフ書記長に対し「NATO軍の管轄は1インチも東に拡大しない」と約束したとし、NATO側に騙されたと主張します。これに対し、アメリカ側はあくまで「仮説的なものであり、国際約束ではない」[3]と否定しています。

他方、当時、アメリカ国内にも、冷戦戦略の立役者ジョージ・ケナン元駐ソ連大使が「NATO拡大は冷戦後のアメリカの政策で最も致命的な誤り[4]」と述べるなど、東方拡大への反対論はありました。しかし、**民主化を推進した旧東欧諸国がNATOの拡大を強く求めたため、結局、東方拡大は続きました。**

④ ゼレンスキー大統領の評価

ロシアはユダヤ系ウクライナ人であるゼレンスキー大統領を「**ネオナチ**」などと批判していますが、同大統領はコメディアン出身ながら、ロシア侵攻後も首都キーウを脱出せず、戦争を指揮するなど、国民の英雄となりました。しかし、彼の政治家としての真価が問われるのは停戦交渉の結果次第で

[3] https://digital.asahi.com/articles/ASQ4N3RW5Q48UCVL01X.html?pn=5&unlock=1#continuehere
[4] https://www.nikkei.com/article/DGXZQOGN183JX0Y2A410C2000000/

しょう。

⑤バイデン前大統領・トランプ大統領の功罪

　バイデン前大統領は当初から「米軍不介入」を明言しましたが、米軍が直接介入すれば米露間の戦闘となり、核戦争に発展する恐れもあったので、その判断は正しいと思います。一方、**トランプ氏は直ちに停戦させると豪語しました**が、停戦交渉は紛争当事者の一方または双方が「敗北」を考えた時に初めて始まるもの。そう簡単ではないでしょう。

⑥ロシアは核兵器を使うか

　仮に、ロシアがウクライナ国内の戦場で追い詰められてウクライナ軍や国民に対し戦術核兵器を使うとしましょう。NATO側は、国際法上も人道的見地からも、ロシア側の責任を徹底的に追及するだけでなく、精密誘導通常兵器のみでロシア陸海空軍の主力と中枢を徹底的に破壊するはずです。**ロシアにとっては、軍事的にも政治的にも、得るものより失うものの方が遥かに大きくなる**と思います。

⑦ウクライナ戦争はどうなる

　戦争は3年に及び、ロシア、ウクライナ双方とも「戦争疲れ」はあるでしょう。しかし、戦争の帰結は、外交ではなく、戦場で決まるもの。仮にトランプ政権がウクライナ支援を停止しても、欧州、特に東欧諸国の多くは「ロシアの勝利」を簡単には受け入れません。**停戦が実現しても、将来この戦争が再発する可能性は高いでしょう。**

宮家の採点

悪魔のささやき
- ❶ × ロシアの主張に近いが、軍事侵攻は正当化できない
- ❷ × ウクライナにも責任があるとは言い難い
- ❸ △ バイデンは慎重すぎ、トランプは自信過剰である
- ❹ × 早期停戦論はロシアを利する議論である

天使のさえずり
- ❶ △ NATO東方拡大の是非は将来の歴史家が判断すべし
- ❷ ○ ロシアの行動は国際法違反である
- ❸ ○ アメリカとロシアの核戦争は避けるべきである
- ❹ ○ ロシアが核兵器を使うメリットは少ない

AI技術の規制▶▶▶
日本ではAI技術の功罪に関する議論が十分ではない

　2024年5月、EU（欧州連合）は生成AI技術の悪用を禁ずる「AI法（欧州AI規制法）」を制定しました。近年、軍事の世界から商業活動まで、世界の主要国でAI技術を使った諸活動が急速に拡大しています。文字や音声で指示するだけで瞬時に複雑な内容の回答を普通の文章で答えてくれる「AI」技術は、日常生活から戦争の最前線まで、あらゆる人間活動を変えつつありますが、そこには大きな落とし穴もあるようです。

 悪魔のささやき

❶経済面では、AI技術導入のメリットは計り知れない。事故は減少し安全性も向上する。業務効率化で生産性と利益率が高まり、労働力不足も解消でき、市場ニーズの把握で顧客満足度も向上する

❷政治面では、最近民主主義国の選挙で、AI技術を駆使した、本物とは見分けが難しい偽情報や誤情報が大量拡散される例が増えており、今後も敵対政治勢力や敵性国家からの選挙・政治活動干渉は続く

❸文化面では、AI技術により、絵画から音楽まで、過去のあらゆる創作活動をベースに、新たな「創作物もどき」が容易に生まれ得るので、芸術家による創造活動や著作権の保護は困難になる

❹軍事面でのAI技術応用で世界の先端を行くのはアメリカ、中国、ロシア、イスラエルなどで、今後は兵器システムの正確性、迅速性、自動化、無人化が急速に進むが、日本の開発レベルは未だに低い

 天使のさえずり

❶経済面では、AI技術導入で雇用縮小、情報漏洩、リスク管理、責任の不在などの多くのディメリットが生じ得る

❷政治面では、有権者に関するビッグデータを瞬時に分析できるAI技術により多様な有権者のニーズに対応できる

❸文化面では、これまでも技術革新が人間の新たな「創造活動」を生んで

29

きた歴史があり、AI技術も例外ではない
❹軍事面では、AI技術の応用により、人間の判断を経ずに自動的に敵を殺傷・破壊する危険な「自律型兵器」が生まれる

宮家の解説

① データ収集の罠

　AI技術活用には四つの罠がありますが、その第1はデータ収集です。AIには大量のデータが必要ですが、それにはインターネット上の諸活動から、個人の位置情報、画像、動画、音声まであらゆる情報が含まれます。

　個人情報が対象者の知らないところで、非倫理的かつプライバシーを侵害する形で収集されれば大問題です。この種の議論は日本で始まったばかり、このままでは議論が完結しないままにデータ収集だけが先行する恐れは十分あるでしょう。

② 成果物の罠

　第2の罠は、集められた大量のデータを駆使してできた成果物の内容です。AIは大量のデータを分析し一人の人間では到底不可能な分析をも可能

AI規制をめぐる各国の動き

 EU	2024年5月、「欧州AI規制法」が成立。リスクレベルを4段階に分け、安全かつ倫理的に運用するための制限や管理のルールを規定した。違反した事業者には高額な制裁金が課せられる。
 米国	2023年10月、バイデン政権下で規制の枠組みを示した「大統領令」を発令。トランプはこれを見直し、米国のグローバルな優位性を維持・強化する政策の障壁になる場合は、修正、撤回などの提案をするよう指示。
 中国	2023年8月、AIを規制する管理規則を施行。「国家政権転覆を煽動し、社会主義を打倒し、国家の安全や利益に危害を加える内容を生成してはならない」と利用者や提供者を統制。
 日本	経済産業省及び総務省が「AI事業者ガイドライン」を出しているが、現在のところ、規制の枠組みは存在しない。安全保障、人権侵害などの観点から規制も検討されている。

にしますが、同時に、時としてＡＩが誤情報を作り出し、それを多くの利用者が真実と信じてしまうケースも少なくありません。

　こうした誤情報以外にも、ＡＩには偽情報作成能力という弊害があります。最近の生成ＡＩには本物と区別がつきにくい動画、画像、音声、文章を作る力があります。万一、悪意をもった利用者が、例えば宣伝情報や選挙運動などで、その種の生成物を悪用すれば、一般の人々の判断を操作することも決して不可能ではないからです。

　それだけではありません。ＡＩ生成技術は芸術作品から技術情報まで、著作権やライセンス権を取得せずに、レベルの高い成果物を瞬時かつ大量に作ることができます。これを放置すれば、芸術家は著作権の保護を失い、知的財産権制度は崩壊しかねません。今後は何らかのルールを作ることが求められるでしょう。

③分析手法の罠

　ＡＩといっても基本はプログラムですから、その成否はアルゴリズム、すなわちコンピュータープログラムの実行手順の出来・不出来に依存しています。しかし、膨大なデータを処理する以上、アルゴリズムも膨大かつ複雑となるので、時にはＡＩがどのようにして特定の判断・決定に至ったかが十分に明らかでないケースもあります。

　このような透明性の問題に加え、アルゴリズムそのものにも問題があり得ます。もちろん、アルゴリズムが正しく作成されていれば問題はありません。しかし、万一悪意をもって、または誤った判断により、ＡＩが特定の判断や決定を行うようプログラムされるとしたら、その悪影響を未然に防止することは難しいでしょう。

④使用目的の罠

　最後の罠は使用目的です。ＡＩには大量の情報を瞬時に分析し必要な作業を完結させる力があります。これを製造業やサービス業など民生用の目的で使う限り、大きな問題は生じません。でも、この技術を軍事目的に応用する場合には、国際法上のみならず、社会倫理上の問題が生じる可能性は否定できません。既に、米中露など軍事大国では、小型の無人航空機やドローンを武装した上でＡＩを搭載する「自律型兵器」の開発が進んでいます。この種の兵器は、人間の判断を経ずに、ＡＩの判断だけで敵を殺傷・破壊できま

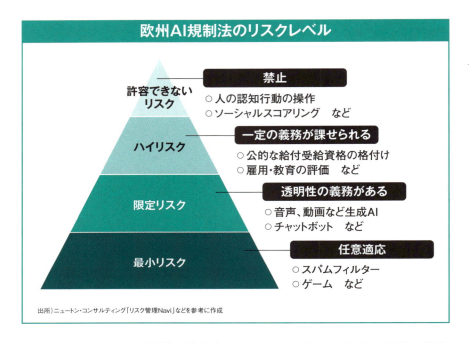

す。幸いこれらはまだ実戦に投入されていないようですが、それも遠い将来のことではないでしょう。

⑤ 日本はAI技術競争に勝てるか

　日本のAI技術応用は民生用の経済活動が中心であり、AIの軍事利用の可能性を考える技術者は、一部を除けば、ほぼ皆無だと思います。経済活動の効率化は結構ですが、このような状況で日本はAI技術を駆使した「戦争」を抑止し、かつ必要に応じて、「賢く」戦うことができるでしょうか。

宮家の採点

悪魔のささやき
- ❶ ○ 経済面でのAI技術活用には一定のメリットがある
- ❷ ◎ 悪意・敵意をもった勢力のAI活用ほど大きな脅威はない
- ❸ ○ 生成AIの登場は全ての芸術家にとって脅威である
- ❹ ◎ 日本のAI軍事応用レベルは諸外国に比べ、あまりにも低い

天使のさえずり
- ❶ △ いずれにせよ、経済面でのAI活用は不可避である
- ❷ △ メリットよりもディメリットの方が大きい
- ❸ × ビッグデータをもつAIに芸術家は勝てない
- ❹ ◎ 残念ながら、その可能性は高い

第3章

各国・地域編

アメリカ ▶▶▶
社会の分断はこれまで何度も起きていた

　最近、アメリカの「力の凋落」を指摘する声が高まっています。アメリカを敵対視し始めた中国はもちろんのこと、アメリカ国内でも、右は「**アメリカ第一主義**」を掲げるトランプ運動から、左の「リベラル・人権・環境」重視派まで、アメリカ人自身の間でもアメリカのパワーを如何に活用するかについて侃々諤々の議論があります。急激に変化しつつあるこの国で、今いったい何が起きているのでしょうか。

 悪魔のささやき

❶ アメリカには一般市民の知らない「**Deep State（闇の政府）**」が現に存在し、連邦政府、諜報機関、金融機関、産業界などの一部関係者が秘密のネットワークを通じ、政府内部で特別の権力を行使している

❷ アメリカ経済は一部のユダヤ系財閥、石油資本、軍産複合体によって事実上支配されており、そのために人種間、階層間の格差が一層拡大するので、**アメリカ社会の分断**は今も拡大を続けている

❸ 国力、軍事力が衰えつつある現在のアメリカは、既に「**世界の警察官**」の役割を放棄しており、国際政治分野での指導力は今後急速に低下していくだろう

❹ アメリカはヨーロッパ、中東、インド太平洋の３方面で軍事的プレゼンスを維持してきたが、今後はインド太平洋での対中国抑止を最重視するため、ヨーロッパや中東方面が不安定化する可能性もある

 天使のさえずり

❶「闇の政府」の存在を信ずる「**Qアノン**」などの陰謀論に根拠はなく、アメリカ民主主義には復元力がある

❷ アメリカ社会の分断は事実だが、移民国家アメリカでは目新しくなく、史上何度も起きていることだ

❸ そもそもアメリカが「世界の警察官」となる旨宣言したことはなく、単

第3章 各国・地域編

に他国が相対的に強くなっただけだ
❹ロシアは弱体化し、中東はそもそも不安定、中国は今やアメリカにとって最大の脅威、競争相手である

宮家の解説

①北部の理想主義と南部の植民地主義

アメリカ国内の分断がよく話題になりますが、この国は昔から分裂しています。誤解を恐れずに言えば、**建国前からアメリカでは北部の清教徒的理想主義と、南部の保守的植民地主義が並存してきましたが、幸いこれまでは、独立戦争、南北戦争、公民権運動などの節目節目で「北」の理想主義が勝利してきました。**

政教分離を謳った憲法❺の下、就任式で新大統領が聖書に手を置き神に宣誓するのはそうした経緯があるからです。この流れは現在も民主党リベラリズムと共和党の保守主義・トランプ主義という形で続いています。**アメリカ合衆国は分断を前提にできあがっている「合州国」なのですから……。**

②市民権と投票「登録」制度

アメリカには日本のような本籍や住民票というものがありません。日本人

2025年1月20日、アメリカ連邦議会議事堂で行われた就任式。慣例となっている聖書に手を置くことはなく宣誓した

❺合衆国憲法修正第1条は、「議会は、国教を樹立し、あるいは、信教上の自由な行為を禁止する法律……を制定してはならない」と定めている。

35

なら住民票を移せば一定期間後に投票所入場券が送付されますが、アメリカ市民の投票には別途「有権者登録」が必要です。この「登録」制度は低所得・低学歴層にとってかなりのハードルだと言われています。

そんな具合ですから、アメリカの選挙制度も実は各州で微妙に違います。2016年のトランプ候補当選の裏に、ロシアの選挙介入があったという批判も決して根拠がない訳ではありません。それでも、不正が選挙結果を左右するほどでない限り、アメリカはこの制度を守り改善していくでしょう。

③移民2世・3世の知的爆発

アメリカは移民の国です。一般に移民1世は貧しく低学歴ですが、アメリカ生まれの2世・3世は英語もネイティブ、ハングリー精神で多くの高学歴成功者が生まれます。こうした「知的爆発」現象も、アメリカ社会への同化が進む4世以降には減っていく、これがアメリカ移民社会の特徴です。

問題は4世以降の白人移民の子孫の「非成功者」たちです。1950年代までアメリカは白人の国でしたが、その後、非白人移民が急増し、2050年には人口の過半数が非白人となります。「知的爆発」期を過ぎたブルーカラー白人男性労働者には、今のアメリカ社会が著しく不公平に見えているのです。

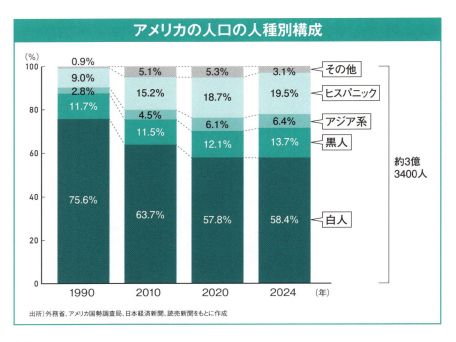

出所）外務省、アメリカ国勢調査局、日本経済新聞、読売新聞をもとに作成

④アメリカ保守主義の劣化

　トランプ主義やＱアノンの支持者の多くは、こうした不満をもつ白人層です。陰謀論や不健全なナショナリズム、ポピュリズムを信ずる人々は今や人口の３割近くとなり、伝統的な共和党の保守主義を変質・劣化させています。彼らの不満が続く限り、こうした動きは第２期トランプ政権後も続くでしょう。

⑤アメリカは世界の警察官か

　建国直後のアメリカは「モンロー主義」の対外不干渉主義国でしたが、その後は自国の軍事力を国益最大化のため使ってきました。しかし、**アメリカが世界の警察官になると宣言したことなど一度もありません。むしろ、多くの国々が自国や地域の安全のためアメリカの政治・軍事力を利用してきたのが実態です。**今後トランプ政権の「アメリカ第一主義」によりアメリカの国際的関与が薄れることがあれば、国際情勢が再び不安定化する可能性はあります。

⑥なぜアメリカで銃規制ができないのか

　長い陸上国境をもち「刀狩り」が難しいアメリカでは、「武装」は憲法が認めた国民の権利です。これとは対照的に、人工妊娠中絶の権利は、連邦憲法上の権利と認めた1973年の判決が2022年に変更され、中絶権の是非は連邦裁判所ではなく、各州の裁判所の判断に任せられています。

⑦日米安保体制はいつまで続くのか

　ヨーロッパとは異なり、日本は周辺にロシアだけでなく中国や北朝鮮からも核の脅威という安全保障上の大問題を抱えています。日本が非核政策を貫く限り、日本にはこうした脅威を抑止するためアメリカの「拡大抑止」、いわゆる「核の傘」が必要です。

宮家の採点

悪魔のささやき
- ❶ × 「Deep State」など陰謀論は根拠がなく信じない方が良い
- ❷ × ユダヤロビー支配論なども典型的な陰謀論でありお勧めしない
- ❸ × アメリカが「世界の警察官」を宣言したことは一度もない
- ❹ × 中東駐留の米軍が湾岸地域から撤退する予定はない

天使のさえずり
- ❶ ○ 「Qアノン」などの陰謀論に根拠はない
- ❷ ○ 移民国家で分断は目新しいものではない
- ❸ ○ アメリカの国力が相対的に弱まったことは事実
- ❹ ○ アメリカと中国の対立は覇権争いであり長期化する

イギリス ▶▶▶
中国抑止を念頭にイギリス海軍が太平洋に帰ってきた

　イギリスの**EU離脱騒動**から9年経ちましたが、イギリス民主主義の判断は正しかったのでしょうか。エリザベス女王の崩御は20世紀初頭から衰え始めた大英帝国の「黄昏(たそがれ)」を象徴しているのかもしれません。これからイギリスはどこへ行くのでしょうか。

 悪魔のささやき

❶ 2016年のEU離脱国民投票以降、イギリスの内政は「自由主義vs.社会保障」「ヨーロッパ主義vs.イギリス第一主義」をめぐり国論が分裂、議会も機能不全に陥るなど混乱が続き、2024年に保守党政権は下野した

❷ EU離脱は「ギャンブル」より「失敗」に近く、対ヨーロッパ貿易の落ち込みとコロナ禍(か)による混乱に加え、ウクライナ戦争によるインフレ高進の後遺症もあり、イギリス経済は伸び悩むなど、政策的には成功していない

❸ EU離脱による失敗でイギリスの国際的地位が傷付き、今後ヨーロッパでの孤立も進むので、イギリスは海洋国家として、インド太平洋などヨーロッパ以外の地域への外交的関与を強めていかざるを得ない

❹ イギリス社会の分断も深刻であり、北アイルランド、スコットランドなどの地域問題、富裕層と労働者の対立、人種・移民問題などにより、国家としての一体感は失われつつある

 天使のさえずり

❶ 本来島国イギリスは海洋国家で、歴史的にも政治的にも「ヨーロッパ」、特に「ヨーロッパ大陸」とは一線を画してきた

❷ EU離脱による経済的打撃は少なくないが、イギリス経済低迷の最大の原因はコロナ禍である

❸ EU離脱後も中国、ロシアなどの「覇権国出現阻止」という外交方針は変わらず、今後はアメリカ、オーストラリア、日本を重視していくだろう

❹ 連合王国の分裂で最も不利益を受けるのはイギリス国民自身であり、一

定の求心力が働くだろう

宮家の解説

① イギリスはなぜEUから離脱したのか[6]

イギリス国民が離脱を望んだ理由は様々でした。EU加盟でイギリスには多くの労働者が流入しましたが、リーマンショック後の不況で雇用情勢が悪化し、労働者に反EU感情が高まりました。また、EUの官僚体質やイギリスの拠出金の高さなども批判されました。

2016年に当時のキャメロン首相は国民投票を実施しましたが、僅差で離脱が決まりました。キャメロンはイギリス国民、特にイングランドの労働者の反EU感情を読み違えたのでしょう。

② EU離脱は成功だったのか

短期的には議論があります。離脱決定後、イギリスの国論は二分され、議会の混乱でメイ、ジョンソン、トラスの各首相が辞任に追い込まれました。経済も打撃を受け、**2024年の総選挙では保守党が大敗**します。更に、北アイルランドやスコットランドでは離脱反対論が高まり、連合王国の一体性そ

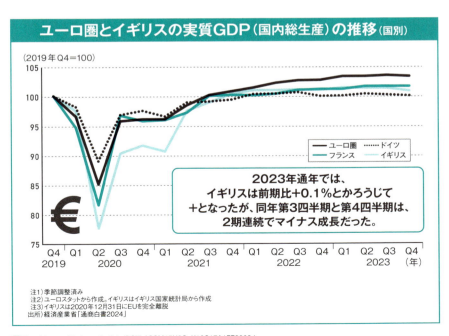

注1）季節調整済み
注2）ユーロスタットから作成。イギリスはイギリス国家統計局から作成
注3）イギリスは2020年12月31日にEUを完全離脱
出所）経済産業省「通商白書2024」

[6] https://www.nikkei.com/article/DGXLASGM17H9G_X10C17A1FF2000/

のものが問われる事態となっています。

　しかし、中長期的にはEU離脱という選択は不可避なのかもしれません。そもそも歴史上、イギリスは、フランス、ドイツが主導権を握るヨーロッパ大陸と一線を画してきました。EUの大元である**EEC（欧州経済共同体）**が設立されたのは1958年ですが、イギリスがEUに加盟したのは1973年のことです。

　しかも、今のヨーロッパ大陸はウクライナ戦争で混乱が続いています。第2期トランプ政権の登場でEUの結束自体も揺らいでいくかもしれません。イギリスにとっては19世紀以来の「光栄ある孤立」を脱してEUに加盟したものの、大陸の混乱もあり、伝統的な政策に先祖返りしたと見ることも可能です。

③イギリスの保守主義はどこへ行く

　キャメロン首相後の保守党政治の劣化が気になります。前述の通り、キャメロン首相はEU離脱に関し民意を読み違えましたが、以前から離脱を強く主張し、離脱派のリーダーとして大きな役割を果たしたのは、実は同じ保守党のポピュリスト政治家ジョンソン前ロンドン市長でした。離脱を実現したそのジョンソン首相はスキャンダルで辞任、後任のトラス首相も公約の減税政策で市場が混乱し辞任しました。**後任のスナク首相は支持回復に努めましたが、結局2024年の総選挙で保守党が大敗した**ことは既に述べた通りです。

④EU離脱でイギリス経済はどうなる

　EU離脱後は「規制緩和を通じて国際競争力を強化し、英語圏や英連邦との自由貿易で経済を成長させる」というのがジョンソン政権の経済政策の基本的考え方でした。しかし、実際にEU離脱による経済的打撃はコロナ禍によるマイナス以上に拡大しているようです。特に、EU諸国との通関手続きが復活したため、対EU貿易は大幅に落ち込んでおり、イングランド北部の労働者などの期待を裏切る結果になっています。ウクライナ戦争勃発後の燃料費高騰を含むインフレは一段落したようですが、EU離脱後のイギリスの経済運営は引き続き厳しい状況が続くと思われます。

⑤太平洋に帰ってくるイギリス

　1971年までのスエズ以東からのイギリス軍撤退以降、イギリス海軍は太平洋だけでなく、インド洋やペルシャ湾でのプレゼンスも縮小してきました。しかし、昨今のEU離脱やアメリカのインド太平洋重視により、**イギリスの海洋戦略は再びインド洋と太平洋を念頭に置き始めました。**具体的には

イギリスが海洋大国を目指して再挑戦

- 海事専門サービスの強みを最大限に生かし、海事関連の法律、金融、保険、管理及び仲介分野のサービス提供におけるイギリスの競争的優位を維持・強化するとともに、グリーンファイナンスの提供を拡大する。
- クリーンな海事の成長に関する活動をリードし、いち早く採用・実行することで経済的利益を享受する。
- 海事分野のイノベーションに対する評価を確立し、世界トップクラスの大学、海事関連の中小企業（SME）及び世界的企業により、イギリスが新たな海事技術から最大限の利益を得られるようにする。
- 世界の海上の安全と安全保障の基準及び専門技能における世界的リーダーとしての評価を引き続き維持する。
- 海事人材の育成及び多様性の促進により、海事教育・研修の提供における世界的リーダーとしての評価を確立する。
- イギリスの海事部門に最大の利益をもたらすような自由貿易体制を促進する。
- イギリスをあらゆる海事ビジネスにとって世界的に魅力ある場所にするべく、海洋インフラへの数十億ポンド規模の継続的な商業投資を支援する。
- 国際海事機関（IMO）、国際労働機関（ILO）及びあらゆる国際フォーラムにおける主導国としての評価を確立し、有志国と協働して活動する。
- 政府・海事部門・学術界の連携によりイギリスの主要海事産業が提供するサービスを促進し、イギリスを海事ビジネスに適した場所とする。
- イギリスの海事部門が提供するサービスを世界に示し、海運、サービス、港湾、エンジニアリング、マリンレジャーをはじめとする海事部門のあらゆる分野を促進するとともに、ロンドン国際海運週間（LISW）を通じて、その世界の主要な海事関連イベントとしての地位を維持する。

注）出版部にて翻訳
出所）イギリス運輸省「海事2050」

伝統的な英米同盟に加え、日英安全保障協力やAUKUS（豪英米3国間安全保障パートナーシップ）の構築など、中国抑止を念頭に置く枠組みを整備しつつあります。

⑥ イギリスの海洋戦略とは何か

イギリスの海洋戦略は、ヨーロッパを含むユーラシア大陸での勢力均衡とシーレーンを含む公海における航行の自由の確保という二つの柱からなっています。今後イギリス海軍は、より頻繁に太平洋で活動することでしょう。

宮家の採点

悪魔のささやき
- ❶ ○ 保守党の凋落は予想以上に深刻である
- ❷ ○ 少なくとも短期的には失敗に近いだろう
- ❸ ○ イギリスの伝統的「光栄ある孤立」に回帰しつつあるのか
- ❹ △ 分断は深刻だが、分断で最も不利益を受けるのは国民である

天使のさえずり
- ❶ ○ 海洋国家イギリスの道はヨーロッパ大陸との一体化ではない
- ❷ × 最近のイギリス経済の低迷はコロナ禍による打撃より深刻である
- ❸ ○ 海洋国家の安全保障確保には日米豪などと協力するしかない
- ❹ △ 連合王国統一に求心力が働くかどうかは未知数だろう

フランス ▶▶▶
既存政党に代わる新世代リーダーが育っていない

　19世紀まで世界各地で大英帝国と覇権を競ったフランスも、20世紀以降は、昔ほどの活力、影響力がないようです。フランスと言えば、文化や芸術、料理ばかりが有名ですが、実際にあの国はどういう国家なのでしょう。今のフランスは何を求め、何を守ろうとしているのでしょう。

 悪魔のささやき

❶ 2022年の大統領選挙でのマクロンの再選は、投票前に極右系ルペン候補の支持率が予想以上に高かったことへの有権者の懸念を反映したものであり、必ずしもマクロン個人への強い支持の結果ではなかった

❷ フランス経済はコロナ禍やウクライナ戦争にもかかわらず、他のEU諸国に比べ好調だったが、移民の失業率は非移民フランス人の2倍になるなど、今後の景気次第では困難に直面する可能性がある

❸ マクロンの対EU政策の優先順位は、EUの「統合深化」と「戦略的自立」だったが、ドイツを始め他のEU諸国の理解は必ずしも得られておらず、フランスの指導力には限界がある

❹ フランスへの移民の半数近くはアフリカ出身で、中でもイスラム系移民はフランスが新国民に求める世俗主義への同化を必ずしも受け入れておらず、フランス社会の分断は拡大していくだろう

 天使のさえずり

❶ フランス内政の分断は否定できないが、極左・極右系とバランスを取りながら、マクロン中道政治は生き残ろうとしている

❷ 発電が原子力発電中心で、化石燃料依存の低いフランス経済は、コロナ禍からいち早く脱却するなど好調である

❸ ドイツとの連携を引き続き重視するマクロンのEU重視政策は変わらず、当面揺るがない

❹ 移民・貧困問題の解決は当面難しいが、現時点ではフランス社会に亀裂

が入るほど深刻ではない

宮家の解説

①フランスがヨーロッパ統合を主導した理由

　今のフランス内政の原点は、1958年に始まる大統領に強力な権限を再び与えた第5共和制でしょう。当時のドゴール大統領の目論見は、第2次世界大戦で疲弊したヨーロッパ諸国が米ソ冷戦の狭間でフランス主導により団結し、ヨーロッパ、特にフランスの政治的影響力を維持・拡大しようとするものでした。ドゴール大統領は西ドイツと関係改善を進めつつも、イギリスを一貫して排除しました。EUの前身であるEECも、フランスが西ドイツを巻き込み、フランス主導のヨーロッパ大陸を再建するというドゴールの夢だったのです。

②フランス内政の構造的変化

　第5共和制下の内政は、「フランス第一」ドゴール主義の流れを汲む中道保守系と社会・共産党を軸とする中道左派勢力の対立と協調の歴史でした。しかも**フランスは、今でも官僚エリート主義が幅を利かすヨーロッパの大国です。フランスは、既存の左右穏健エリート勢力と高級官僚たちが英米を牽制しつつ共同統治してきた誇り高きヨーロッパ大陸の国家と言って良いでしょう。**

　しかし、こうした伝統的政治地図は徐々に塗り替えられています。2007年に当選したサルコジ大統領の外交は、英米協調主義が顕著でしたし、2017年に就任したマクロン現大統領は、第5共和制下で初めて、社会党と共和党という左右2大政党出身でない大統領になった政治家です。

③再選されたマクロン大統領の手腕は？

　2017年と2022年の大統領選の結果はいずれも、既存2大政党が衰退し、二人のアウトサイダー候補（マクロンとルペン）同士の決選投票で、**有権者がより"マシな"マクロンを選んだ、ということに尽きるでしょう。逆に言えば、内外情勢が大きく変化する中、フランス既存政党のエリートたちに代わる新世代のリーダーは未だ育っていないのかもしれません。**

　2015年以降、内政上、最大問題の一つが、移民問題に端を発するテロ・暴動事件でした。フランスの移民政策は独特で、「フランス語を喋り、フランスの世俗主義を守る限り、フランス人として受け入れる」というものですから、イスラム教徒の多い中東、北アフリカからの移民には難しい条件です。

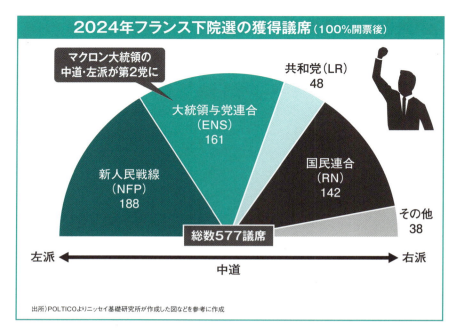

　生活が苦しい既存のフランス人労働者にとって、安い賃金で働く新参移民は脅威です。**こうした不満層の声の受け皿になっているのがルペン候補など極右・保守ポピュリストの政治勢力でした。2024年の議会解散総選挙で、マクロン大統領は左翼勢力と組むことで右派を排除し、辛うじて政治的影響力を維持しています。**

④ フランス経済の行方

　最近、ユーロ圏各国ではロシアからのエネルギー供給激減などでインフレ率が急上昇しています。これに対し、元々、原子力発電を積極的に進め、火力発電への依存度が低いフランスでは経済が堅調で、成長率もユーロ圏全体平均よりも高くなると予想されています。

⑤ マクロンのヨーロッパ安全保障観

　以前からマクロン大統領は現行のアメリカやカナダ、トルコも加盟しているNATOに代わり、ヨーロッパ諸国のみから成る「ヨーロッパ軍」が安全保障について応分の責任をもつべきだと主張しています。しかし、フランスとドイツ以外で、マクロン大統領の構想に賛同する声はあまり聞かれません。強力な軍隊を有するアメリカ抜きでEUがロシアを抑止することは事実上不

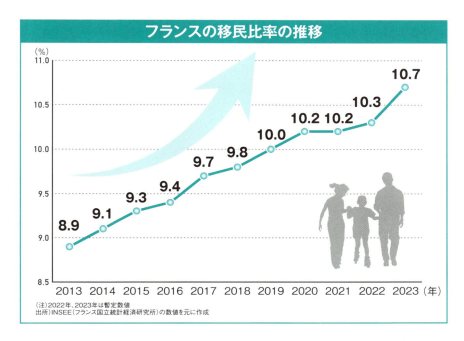

フランスの移民比率の推移

(注)2022年、2023年は暫定数値
出所）INSEE（フランス国立統計経済研究所）の数値を元に作成

可能であり、そのような構想は逆にロシアを利するだけだといった声は、旧東欧諸国や旧ソ連共和国だけでなく西欧諸国からも聞かれます。

⑥ 対中関係に変化はあるのか

　フランスはインド太平洋地域にニューカレドニアという領土を有し、小規模ながら太平洋艦隊まで保持している、と聞いたら皆さんは驚くでしょう。強(したた)かなフランスは、アメリカの関心がインド太平洋に移る中、自国の政治・経済・軍事的利益拡大のため中国問題にも関与していくはずです。

宮家の採点

悪魔のささやき
- ❶ ◯ マクロン再選は同氏個人への評価の結果では必ずしもない
- ❷ ◯ 今後の景気次第では困難に直面する可能性は常にある
- ❸ ◯ フランスとドイツの連携がいつまで続くかが焦点となる
- ❹ ◯ フランス社会の分断が縮小していく可能性は低い

天使のさえずり
- ❶ △ 経済情勢の急激な悪化があれば更なる分断もあり得る
- ❷ ◯ 政治状況はともかく、経済は比較的安定している
- ❸ ◯ しかし、マクロン政権がいつまで続くかは不安要因である
- ❹ ✕ 移民・貧困問題はフランス最大の内政問題であり続ける

ドイツ ▶▶▶
「ユーロ」が逆にドイツの独り勝ちを生んだ

　戦後はヨーロッパの模範的優等生となったドイツですが、1945年以前はヨーロッパで二度の世界大戦を起こし、多くの犠牲者を生んだ国でもあります。ドイツは西側民主主義陣営の一員としてヨーロッパ経済を牽引し、EUやユーロの創設にも大きな役割を果たす一方、貿易やエネルギー供給の面ではロシアや中国に深く依存するなど、相矛盾する政策を両立させてきました。しかし、今ドイツでは政治的安定そのものが揺らぎ始めています。

悪魔のささやき

❶ **メルケル長期政権**を引き継いだものの、彼女ほどのカリスマ性に欠ける**ショルツ首相**の連立政権は2024年に崩壊し、野党キリスト教民主・社会同盟や極右勢力だけでなく、与党自由民主党からも支持を失いつつある

❷ これまでヨーロッパで独り勝ち状態だったドイツ経済は、ウクライナ戦争で「脱ロシア」政策を迫られ、中国市場の成長鈍化もあり、スタグフレーションに陥る危機に直面している

❸「ヨーロッパの結束」を重視していたショルツ政権は、ウクライナ戦争勃発後、国防費をGDP（国内総生産）比2％以上に引き上げると表明する一方、ウイグル・香港問題などにもかかわらず、中国重視政策を維持した

❹ ドイツ社会は、人口減少、移民・難民問題、所得格差拡大、住宅バブル崩壊といった諸問題を抱えており、今後インフレ下での不況が続けば、社会的分断や極右的排外主義が再台頭する恐れすらある

天使のさえずり

❶ 3党連立で発足したショルツ社会民主党政権は崩壊したが、戦後ドイツの現実主義的民主主義はそれほど脆弱ではない

❷ ウクライナ戦争でエネルギー確保の厳しいドイツ経済だが、原子力発電の操業延長などで乗り切ろうとしている

❸ ウクライナ戦争後、国防費のGDP比2％以上の増額など、EU、NATO重視

の現実主義的外交を進めている
❹ 反移民・難民を掲げる右派ポピュリスト政党の支持拡大はあるが、最近の選挙では伸び悩んでいる

 宮家の解説

① ヨーロッパの問題児が統合の推進者に

フランスの項で既に述べた通り、EUやその前身であるEECは、第2次世界大戦で疲弊したヨーロッパ諸国が、米ソ冷戦の狭間で団結し、ヨーロッパの政治的影響力を維持・拡大しようとする試みでした。**EUが曲がりなりにも成功したのは、ドイツとフランスの連携が極めてスムーズだったからです。**

ドイツがフランスと組んだ理由は明らかです。結果的に二度の大戦という歴史的責任を背負わされたドイツは、ヨーロッパの他のどの国よりも、自国の利益がヨーロッパ統合と共にあることを、言葉だけでなく、行動で示す必要があったからです。ドイツに他の選択肢はなかったでしょう。

② なぜドイツの内政は安定していたのか

戦前のドイツ民主主義がナチスの台頭を許してしまったため、戦後は意図的に安定を優先する制度を採用したからです。具体的には、総選挙は原則4年に一度のみで、首相に辞任を求めるだけの不信任動議提出は禁じられ、議会解散も厳しく制限されているようです。

しかも、得票率5％未満の政党には議席を与えないので、一定規模の政党しか議会で議席をもてません。このため、戦後ドイツでは**アデナウアー政権**（1949～63年）が14年、**コール政権**（1982～98年）と**メルケル政権**（2005～21年）がそれぞれ16年も政権を担当しました。それでも、長期政権実現は制度上の理由だけではないでしょう。**首相を毎年のように変えた経験をもつ日本やイタリアと比べれば、リーダー選びはドイツ人の方が遥かに慎重かつ長期的に考えているような気がします。**それだけに、2024年11月の3党連立政権の崩壊のもつ政治的、歴史的意味は気になるところです。

③ 経済はドイツの独り勝ちだった

戦後のドイツ経済は、1990年の東西ドイツ統一期を除けば、高い失業率と高コスト体質により、一進一退で推移してきました。ところが、1999年のユーロ導入と、2003年からの対外競争力強化のための労働市場・社会保

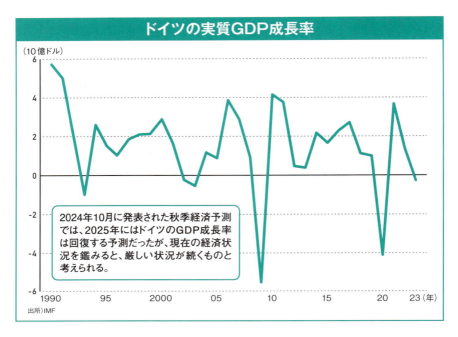

障・税制の一体改革により、ドイツ経済は硬直化した高コスト体質から脱却します。しかし、**ドイツ経済の劇的改善はユーロ導入のお陰です。ユーロの為替レートは生産性の低い国の状況をも反映して決まるので、ドイツの実力以上にユーロ安が進んだからです。**ところが、最近はエネルギー価格の高騰や中国経済の鈍化もあり、このドイツ経済が揺らぎ始めています。

④軍事費増大、目覚めたドイツ

　これまでドイツは、安全保障面ではアメリカやNATOと連携しつつ、経済面ではエネルギーと投資先・輸出市場の確保についてロシアと中国への依存を深めてきました。その意味では、今回のウクライナ戦争でドイツが対露関係を見直し、国防費をGDP比2％以上引き上げると発表したことは、歴史的な意義があると思います。

⑤対中関係に変化はあるのか

　他方、対中経済政策については、対ロシアとは異なり、直ちに見直すことはなさそうで、中国とロシアの取り扱いにも微妙な差異があります。それでも**ドイツは、他のEU諸国と同様、ウイグルや香港での人権弾圧問題について中国に批判的ですので、今後、台湾有事などの問題が生ずれば、ドイツの**

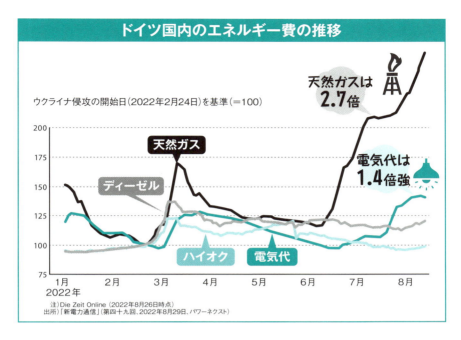

対中政策も変化していくでしょう。

⑥ **米独関係はどうなるのか**

　近年、アメリカとドイツの関係は決して良好ではなく、むしろ「これまでで最悪の状態」にあるとの声も少なくありません。争点としては、ヨーロッパでの脅威認識、国防費負担額、ロシアとのガスパイプライン、対イラン関係などがあり、どれも直ちに解決するとは思えません。第2期トランプ政権との関係も不確実要素の一つです。

宮家の採点		
悪魔のささやき	❶ △	政治的安定を重視するドイツ人の知恵をあまり過小評価すべきではない
	❷ ○	ウクライナ戦争が長期化すれば経済的困難は続くだろう
	❸ ○	対ロシアに比べて、対中政策には劇的変化はあまり見られない
	❹ ×	ドイツは戦前の失敗から教訓を学んでおり、ナチスの再来は考えにくい
天使のさえずり	❶ △	ドイツ国内政治の保守化は予想以上に顕著である
	❷ △	冬の気候やエネルギー価格次第では経済危機もあり得る
	❸ △	ドイツの対ロシア政策は単純ではなく、反露一辺倒とは限らない
	❹ ○	ドイツの選挙制度もあり、極端主義者は容易に議席をもてない

イタリア ▶▶
「極右」メローニ政権の親欧州現実主義はいつまで続く？

　戦前はナチ・ドイツと共に第２次世界大戦を戦ったイタリアですが、戦後は一転、EEC（欧州経済共同体）創立メンバーとなるなど欧州のリーダーとなりました。しかし、最近では独裁者ムッソリーニの流れを汲む極右団体出身の女性政治家が首相に就任するなど、新たな政治的潮流も見られます。メローニ首相は、第２期トランプ政権と欧州統合勢力との「橋渡し役」となるでしょうか。

 悪魔のささやき

❶ 2022年以来、現実的中道右派路線を進めるメローニ首相の本質は、15歳でネオファシスト系政党に参加した「右翼ポピュリスト・イタリア民族主義者」であり、今後状況次第で立場を豹変する可能性はある

❷ 現在のメローニ人気は、失業率が6.2％まで低下し、南部の経済状況も改善するなど堅実なイタリア経済と、流入移民数や遭難者・死亡者が激減するなど成果をあげつつある移民政策に支えられている

❸ 元来はEU懐疑主義者だったメローニ首相だが、ウクライナ戦争勃発後はNATOを支持しロシアの侵略を非難するなど、最近のイタリアはEU創設メンバー国として「ヨーロッパの結束」を重視している

❹ 世界第８位の規模を誇るイタリア経済も、人口減少、移民・難民問題、所得格差拡大など諸問題を抱えており、今後世界的な製造業の不況が続けば、メローニ政権の下でも極右的排外主義が再台頭しかねない

 天使のさえずり

❶ メローニ首相は筋金入りの「極右」ではなく、親欧州で現実的な中道右派路線を進めており、他の「極右」政治家とは異なる

❷ 1987年に脱原発を決めたイタリアも、ウクライナ戦争を受け、2023年には原子力発電所の新設のための議論を開始した

❸ ウクライナへの武器供与に批判的な世論にもかかわらず、メローニ首相

は「ロシアに抵抗するウクライナへの支援」を続けている
❹イタリアはグリーン化・デジタル化投資の促進、南部へのインフラ投資の拡大等の経済施策を進めている

宮家の解説

①近代にようやく統一した旧都市国家連合

　古代からイタリア半島は欧州世界の政治・経済・文化的中心でした。しかし、現在のイタリアは、北はスイスとオーストリア、西はフランス、東はスロベニアと陸上国境を接し、地中海を隔ててアルバニア、アルジェリア、クロアチア、ギリシャ、リビア、マルタ、モンテネグロ、スペイン、チュニジアと接する半島国家に過ぎません。実は、統一国民国家としてのイタリアの歴史は意外に短く、9世紀以降19世紀までこの地は東ローマ帝国、シチリア島のイスラム教徒、ローマ教皇領、神聖ローマ皇帝などの勢力が群雄割拠した一種の都市国家群でした。近代イタリア史は、北の欧州大陸と南の地中海の諸勢力の間で揺れ動く、古代帝国の末裔国家の歴史なのです。

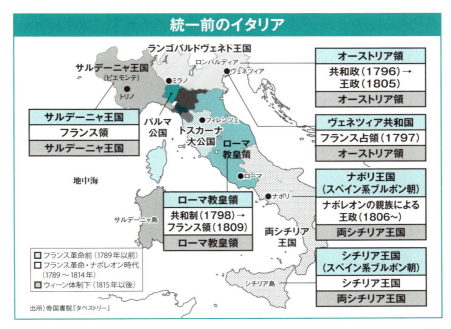

統一前のイタリア

出所）帝国書院『タペストリー』

ジョルジャ・メローニ首相

②なぜ「極右」のメローニが首相になれたのか

　メローニ首相は決して「極右」ではなく、その本質は強硬保守系のイタリア民族主義者だと思います。若くしてファシスト系団体に所属したことは事実ですが、政界では、強硬保守の立場を維持しつつ、様々な政党を渡り歩きながら、現実主義的な中道右派連合に長く属していました。

　その間、第4次ベルルスコーニ政権でメローニは青年政策に関する無任所大臣に31歳で抜擢されています。こうした閣僚体験を含む多様な政治的経験が育んだに違いないメローニ首相の絶妙な政治的バランス感覚は、欧州の他の理想主義的「極右」政治家とは一線を画すものです。

③NATO・EU加盟国としてのイタリア

　メローニ首相の現実主義はNATOとEUの使い分けにも表れています。イタリアを取り巻く安全保障環境の下では、アメリカを中心とするNATOとの連携が最も現実的です。他方、「キリスト教イタリア」第一主義を唱えるメローニ首相は、「欧州の団結」に懐疑的であり、EUに対する熱意はあまり感じられません。

④イタリア経済は大丈夫か

　発足当初、メローニ政権は急増する移民問題や経済・財政の悪化懸念に直

面していました。今後も国際貿易の低迷、金融引き締め・内需不足など経済リスクは続くでしょう。しかし、2024年に上陸移民数・遭難者・死亡者数が減少し、経済面でも安定成長が続く中、失業率が低下し、南部経済状況も改善するなど一定の成果もあげています。

⑤対中関係に変化はあるのか

コンテ前政権は中国の「一帯一路」にG7諸国として初めて加入しましたが、最近の中国の強硬姿勢、対中貿易赤字拡大やCOVID-19感染拡大による中国からの投資減少などもあり、メローニ首相は2023年12月に「一帯一路」からの離脱を中国側に正式に通知しました。

⑥米伊関係はどうなるのか

関税や競争力などの貿易上の課題はあるものの、イタリアとアメリカの関係は近年比較的良好でした。メローニ首相は「欧州は米国がではなく、自ら何ができるかを考えるべし」「欧州・イタリアの国防投資強化は自らの独立や自治に資する」とする一方、「戦争がある限りイタリアはウクライナの傍らにいる」とも述べています。

以上のように、イデオロギー的にはトランプに近いものの、欧州主要国側にも配慮するメローニ首相のバランス感覚は絶妙とも言えるでしょう。第2期トランプ政権は、第1期と同様、NATOやEUに対し厳しい立場をとっており、こうしたアメリカの強硬姿勢と欧州主要国の間には大きな溝があります。特に、フォン・デア・ライエン欧州委員会委員長など欧州政治家はアメリカに対し批判的ですが、こうした時こそ、「極右」と言われながらも現実的な政策を進めるメローニ首相のような存在は欧州にとって貴重です。

宮家の採点

悪魔のささやき
- ❶△ メローニの本質は、実はよく分からない、状況次第ではないか
- ❷◯ この理由は決してメローニの強運だけではなかろう
- ❸◯ 今のところはその通りだが……
- ❹◯ 全ては今後の経済状況次第である

天使のさえずり
- ❶◯ そうであることを祈りたい
- ❷◯ 「脱炭素」とは何だったのかという時代が来るのか？
- ❸◯ ここでイタリアまで脱落すればEUは終わりかねない
- ❹◯ メローニ政権の行方はイタリア経済次第だ

カナダ ▶▶▶
アメリカの隣国ながら対米「愛憎半ば」するカナダ

　カナダという国の名前を聞くと、ベトナム戦争を思い出します。当時私は高校生でしたが、カナダは良心的兵役拒否を考えるアメリカの若者の多くにとって徴兵を回避する逃亡先の一つでした。ベトナム戦争だけでなく、カナダは2003年のイラク戦争にも派兵していません。アメリカの隣国かつ最も緊密な同盟国であるはずのカナダがなぜアメリカと一線を画すのか。カナダ人の対米感情は予想以上に複雑なようです。

 悪魔のささやき

❶ アメリカの隣国で親密な同盟国でもあるカナダだが、その対米感情は愛憎が複雑に入り混じったものであり、歴代のカナダ政府は常に各米政権との関係に苦慮してきた

❷ 豊かな水産・農業資源に恵まれたカナダだが、工業分野での対米依存は圧倒的であり、貿易面でもアメリカへの依存度が高く、2023年の全輸出・輸入額の77.1%、49.6%はアメリカ向けである

❸ 軍事的にもカナダはアメリカと一体化しており、旧ソ連（ロシア）の大陸間弾道弾（ICBM）や戦略爆撃機に対抗するためアメリカと共同で北アメリカ航空宇宙防衛司令部（NORAD）を設置している

❹ 多民族・多文化社会であり、フランス語を母国語とする人口が２割もいるカナダは、隣国アメリカとの関係が微妙であり、特に、貿易や移民規制で第２期トランプ政権と衝突する恐れもある

 天使のさえずり

❶ トルドー政権後も、多様性を重んじる多文化主義のカナダは堅実な政権運営を行うだろう

❷ アメリカとカナダは経済的に事実上一心同体であり、引き続きカナダ経済はアメリカ経済と共に繁栄が続くだろう

❸ カナダは、ベトナム、イラク両戦争への派兵は拒否したものの、NATO加

盟国としてアフガニスタンに派兵、ウクライナも支援している
❹ カナダは多文化性の民主主義国家ではあるが、今後欧米の右派ポピュリズム・トランプ主義が台頭する可能性も否定できない

宮家の解説

① アメリカの隣国という地政学的悲劇

　カナダの地政学的位置は欧州諸国ほど複雑ではありません。西は太平洋、北は北極海、東は大西洋に面するカナダは、ある意味で巨大な「半島国家」「海洋国家」です。この国の最大の幸運（と同時に悲劇）は、アメリカの北方に位置するだけでなく、北西部でもアラスカ州と接し、事実上アメリカに挟まれていることでしょう。同じ北米の巨大な元植民地国家ですが、第2次世界大戦後のカナダは、アメリカとは一線を画す政策を追求してきました。カナダの「大国でも小国でもない中道国家」「多文化国家」として「第三の道」を行く、といった発想には、俺たちはあの尊大で我儘なアメリカとは違うぞ、というカナダ人の「自負」と「負い目」を感じます。

② 次期カナダ首相の舵取りは？

　トルドー首相は父親も長くカナダ首相を務めた2代目政治家で、多様性を重んじる中道左派として人気も高かったのですが、与党・自由党の支持率の低迷が続き、2025年1月に辞任を表明しました。2025年春には総選挙が予定されていますが、第2期トランプ政権との確執もあり、次期カナダ首相も難しい舵取りが続くでしょう。

③ NATO加盟国としてのカナダ

　カナダはNATO加盟国であると同時に、ソ連・ロシアのミサイル攻撃に対処する北米航空宇宙防衛司令部を構築するなどアメリカとは密接な同盟関係にあります。他方、カナダは常に軍事面でアメリカと同一行動をとる訳ではなく、例えば、湾岸戦争やアフガニスタンには派兵したものの、ベトナム、イラク戦争には参加しませんでした。こうした姿勢からも、カナダとアメリカの微妙な関係が見てとれます。

④ カナダ経済は大丈夫か

　カナダとアメリカの経済は基本的に一心同体であり、1989年の米加自由貿易協定、1994年のメキシコを加えた北米自由貿易協定（NAFTA）により、

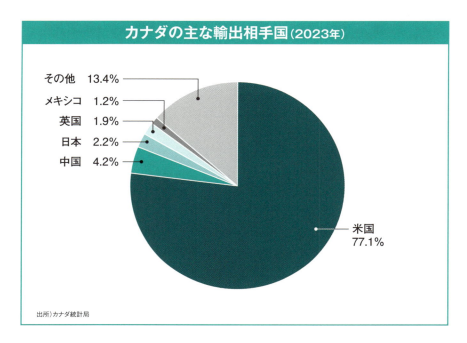

カナダの対米貿易は安定拡大を続けました。他方、アメリカの貿易政策に再三振り回されてきたカナダでは、対米依存軽減を唱える経済ナショナリズムの声も少なくありません。

⑤ 対中関係はどうなるのか

　カナダにとって長年中国は世界第2の貿易相手国ですが、2019年からは関税問題、中国IT企業幹部拘束事件、中国のウイグル弾圧批判などもあり、両国間が冷え込んでいます。また、安全保障面では2022年に発表した「インド太平洋戦略」で中国を「破壊的なグローバルパワー」と捉え、警戒を強めています。このようにカナダは、TPP11（環太平洋経済連携協定）などを通じて日本を含むアジア諸国との経済関係を重視しつつ、中国とは気候変動や核不拡散問題で協力を模索しています。しかし、最近は中国などの軍拡・対外的自己主張に懸念を深めており、太平洋方面での海軍増強、カナダの安全保障を脅かす中国資本の投資制限などを打ち出しています。

⑥ 対米関係はどうなるのか

　第2期トランプ政権の下でカナダとアメリカの微妙な関係は一層顕在化するでしょう。1期目の2018年5月、トランプ政権は国家安全保障を理由に

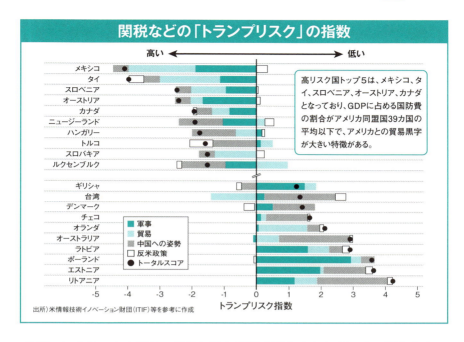

鉄鋼・アルミニウム製品の輸入に追加関税を課しましたが、その頃からトルドー・トランプ関係はギクシャクし始めました。

　6年後の2024年11月25日には、再選が決まったトランプ氏が、薬物流入・不法移民対策は不十分だとして、カナダからの全輸入品に25%の関税を課すと表明しました。その直後、トルドー首相はトランプ氏の私邸を訪れ会談しましたが、その際トランプ氏は「カナダはアメリカの51番目の州になるべきだ」などと述べたそうです。これではカナダ人が怒るのも当然ですよね。

宮家の採点

悪魔のささやき
- ❶○ 特にトランプとトルドーの相性は悪い
- ❷○ アメリカの51番目の州と揶揄される理由はある
- ❸○ 逆に言えば、カナダなしにはアメリカの安全保障もない
- ❹△ トランプの関税政策はブラフかもしれない

天使のさえずり
- ❶△ 最近の自由党支持率は決して良くはない
- ❷△ カナダ経済はアメリカなしに成り立たない
- ❸○ 多様性国家カナダの面目躍如である
- ❹△ カナダも元英仏植民地であったことを忘れてはならない

フィンランドとスウェーデン ▶▶▶
移民・難民問題が高福祉社会を脅かす

　第2次世界大戦後、ソ連の圧力を受けながらも資本主義体制と中立を維持した共和制のフィンランド。17世紀には**バルト海沿岸**の北半分にバルト帝国を維持した王制のスウェーデン。この二つの中立国が遂にNATOに加盟しました。ロシアのウクライナ侵略は欧州の安全保障環境に地殻変動的な衝撃を与えたのです。北欧をめぐる国際情勢はどう変わるのでしょうか。

 悪魔のささやき

❶ フィンランドとスウェーデンのNATO加盟は、短期的に対ロシア軍事同盟の強化となるものの、今後ウクライナ情勢の行方次第では、バルト3国を含むバルト海沿岸地域が不安定化していく恐れはある

❷ ロシアが両国のNATO加盟という新状況を座視する可能性は低く、北欧全体のNATO化に対し軍事的な対抗措置をとることは必至であり、中長期的には新たな紛争の種が蒔かれたと言える

❸ 経済面では両国とも、**長期的失業**、特に**若年労働者の失業率の増大**、**経済格差の拡大**、**財政赤字拡大**などの問題が顕在化しており、高福祉を維持することが難しくなりつつある

❹ 特に、最も大きな社会問題は**移民の急増**であり、イスラム、アジア、アフリカなど異文化の移民については人種差別、高失業率、財政悪化、スラム化・治安の悪化などの問題が顕在化しつつある

 天使のさえずり

❶ 成熟した民主主義と高福祉を実践する両国では、今後も比例代表制民主主義の下で安定した連立政権が続くだろう

❷ 北欧諸国の経済は基本的に安定しており、近い将来、国内経済が急激に悪化する可能性は低い

❸ 両国のNATO加盟は、地域の安定を確保する上では現実的、不可避かつ不可逆的な決断である

❹ 近年の難民流入で、従来の福祉レベルの維持は難しいとしても、財政的にはまだ余裕はある

宮家の解説

① バルト海は常に戦場だった

　北欧諸国、特にスカンジナビア半島に住む人々にとって、バルト海は常に戦場でした。彼らの地政学的脅威は主として対岸の神聖ローマ帝国・ドイツなど中欧から来ましたが、バイキングなど北欧勢力が強大化し、他のヨーロッパ地域に侵入・支配した時代も決して短くはありませんでした。

　しかし、12世紀から長い間スウェーデンの支配下にあったフィンランドが、19世紀以降強大化したロシア帝国の支配下に入ってからは、北欧諸国を取り巻く安全保障環境は激変しました。北欧が陸続きのロシアから直接の軍事的脅威を受け、これに対処する必要が出てきたからです。

　20世紀に入ると、ロシアに加え、ドイツからの脅威が再び顕在化します。二度の世界大戦でスウェーデンは武装中立を保ちますが、フィンランドはソ連、続いてドイツと戦い、かろうじて独立を維持しました。しかし、第

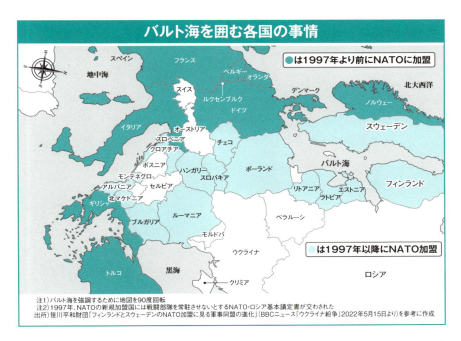

バルト海を囲む各国の事情

注1) バルト海を強調するために地図を90度回転
注2) 1997年、NATOの新規加盟国には戦闘部隊を常駐させないとするNATO・ロシア基本議定書が交わされた
出所) 笹川平和財団「フィンランドとスウェーデンのNATO加盟に見る軍事同盟の進化」(BBCニュース「ウクライナ紛争」2022年5月15日より)を参考に作成

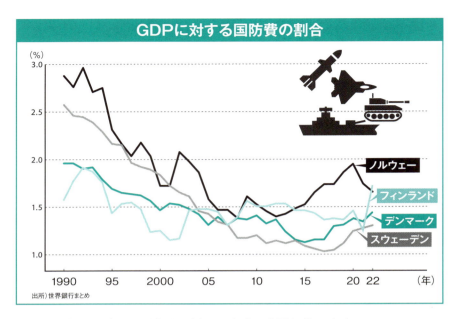

出所）世界銀行まとめ

2次大戦後、北欧は再び古くて新しい脅威に直面し始めます。

②北欧3カ国の安保分業

　フィンランド1国では強大なソ連・ロシアに対抗できません。そこで北欧諸国が考え出したのは「3国分業」による地域安全保障システムでした。具体的には、ロシアと長い国境を有するフィンランドと、バルト海を挟み対峙(たいじ)するスウェーデンは中立政策をとる一方、ノルウェーは中立ではなく、NATOに加盟します。

　フィンランドは陸軍を強化し、国境を越えて侵入するソ連・ロシア兵と戦います。地域の軍事大国であるスウェーデンは空軍を整備し、有事の際はフィンランドにエアカバーを提供します。それでもソ連・ロシアの侵略を抑止できない場合には、ノルウェーがNATO加盟国として対処するのです。

　要するに、**中立を守るフィンランドとスウェーデンにロシアが侵略を始めれば、フィンランド陸軍がスウェーデン空軍と連携して戦い、ノルウェーにまで脅威が及べば、NATOが介入するという仕組みです**。実に効率的かつ効果的な小国同士の知恵でしたが、2022年からこの分業が遂に変わり始めます。

③中立国がなぜNATO加盟

　3国分業体制の前提は、ソ連・ロシアの脅威が「潜在的」であることでし

た。ところが、ウクライナ侵略でロシアの脅威は「顕在化」し、従来の中立国スウェーデン・フィンランドとNATO加盟国のノルウェーの分業だけで抑止は不十分という認識が深まりました。北欧諸国にとってロシアはあまりにも近く、かつ強大な脅威だからです。

④ 教育・福祉政策は続けられるのか

北欧社会の実態は、日本によく似ています。その典型例がフィンランドで、同国は高齢者人口23.3%の超高齢社会です。リーマンショック以来、北欧諸国の国内経済は、程度の差はあれ、もはや急成長は望めず、失業率は高止まり、高度の社会福祉を維持するための財政的負担も厳しい状況です。

これに対し、北欧諸国は社会保障制度や介護システムの改革を進めています。**特に画期的なことは、社会保障システムにコスト重視、効率重視、民営化などの新政策を導入しつつあること。コストのかかる介護施設の廃止や在宅介護への移行など、今後日本でも参考になるアイデアはあります。**

⑤ 移民急増で右派が台頭

もう一つ、北欧の高福祉社会を脅かす要因が、移民・難民の問題です。**移民について最も寛容なスウェーデンですら、多くの移民受け入れによって国内治安や国家財政が悪化しつつあります。**安易な移民受け入れに反対する一部政党は、こうした政策を「北欧の失敗例」と批判しているほどです。

これに対し、**フィンランド、ノルウェー、デンマークでは移民受け入れに反対する有権者の声が拡大しつつあります。**フィンランドでは、こうした声を代弁する第2党の右派などとの連立与党となっています。

宮家の採点

悪魔のささやき
- ❶ ○ ウクライナ戦争後のロシアの動き次第では不安定化もあり得る
- ❷ ○ ロシアがこの新状況を座視する可能性は低い
- ❸ ○ これ以上負担拡大が続けば、高福祉の維持は難しい
- ❹ ○ 今後は北欧諸国でも移民・難民に厳しい措置をとる可能性がある

天使のさえずり
- ❶ △ 北欧社会の安定が長く続く保証はない
- ❷ △ ウクライナ戦争の行方次第ではそれほど楽観的にはなれない
- ❸ △ 短期的には重要な決断だが、中長期的には中立に戻る可能性もある
- ❹ △ 難民人口は増えており、北欧諸国といえども財政的には苦しいはず

ハンガリー ▶▶▶
EUの異端児か、未来の欧州の先駆者か

　トランプ候補の再選が確実になった日、**オルバーン首相**は祝杯をあげて「友人トランプ」の勝利を喜んだそうです。そこには、ソ連崩壊が差し迫ったハンガリーで自由と民主主義の実現を熱く訴え、遂に首相にまで上り詰めたオルバーン氏の姿はありません。それにしても、あのソ連崩壊直後のハンガリーはどこへ行ったのでしょうか。

 悪魔のささやき

❶「ハンガリーのトランプ」と綽名されるオルバーン首相は、筋金入りの極右ポピュリスト政治家であり、トランプだけでなく中国やロシアの独裁者への支持をも公言する「**EUの異端児**」となりつつある

❷1989年の体制転換後、外国資本を受け入れ開放を進めたハンガリー経済は、2004年のEU加盟を経て一時は「旧東欧の優等生」とも呼ばれたが、その後はインフレと高失業率で格差が常態化している

❸2010年に再登板したオルバーン首相はそれまでの親欧州路線を次第に親ロシア路線に転換し、2022年のロシアによるウクライナ侵攻の際は対ウクライナ軍事支援を拒否し、対露制裁からも距離を置いた

❹「非リベラルの民主主義」を唱え、EU加盟国ながら排他的移民・難民政策、中央集権化、メディア規制強化、司法の独立性の弱体化を進めるオルバーン首相に対し、西側諸国からは懸念や批判が表明されている

 天使のさえずり

❶ハンガリー国民のオルバーン首相に対する支持は絶大であり、近い将来、同首相の政治的影響力が揺らぐことはない

❷オルバーン首相の反EU路線は、ハンガリー国民の多数を占めるマジャール人の西欧に対する感情を反映したもの

❸ウクライナ戦争後、ハンガリーはロシアからのエネルギー供給を確保しつつ、EU加盟国としての利益を最大化している

❹イタリアのメローニ首相とは異なり、オルバーン首相には非リベラルで反移民の右派ポピュリズム以外に選択肢がない

宮家の解説

①海への出口のない内陸国の悲哀

　ハンガリーは西のオーストリア、スロベニア、北のスロバキア、東のウクライナ、ルーマニア、南のセルビア、南西のクロアチアに囲まれた、典型的な欧州の内陸国です。一時は広大な周辺地域を支配する中欧の大国でしたが、現在のハンガリーの母体はオーストリア・ハンガリー帝国の崩壊後の1920年に生まれたハンガリー王国でした。

　その後、1946年に王政は廃止され、ソ連の占領下でハンガリー共和国が生まれましたが、1980年代からは徐々に民主化が進みます。ソ連崩壊後は欧州復帰に向けて政治、経済、社会の改革開放を進め、1999年にはNATOに、2004年にEUにそれぞれ加盟が認められ、一時はそのまま欧州復帰が定着するものと思われました。ちなみに、現在のハンガリー人の祖先は、俗に言われる「フン族」ではなく、遊牧民のマジャール人だそうです。

ハンガリーの歴史

紀元前1世紀より	ローマ帝国領パンノニア州
紀元4世紀	フン族が侵入し、ローマ人を駆逐
896年	ハンガリー民族定住
1000年	ハンガリー王国建国
1241〜1242年	蒙古軍の襲来
1526〜1699年	オスマン・トルコによる占領
1699〜1918年	ハプスブルグ家統治
1867年	オーストリア・ハンガリー二重帝国の成立
1920〜1944年	ホルティ摂政によるハンガリー王国
1920年	トリアノン条約(領土の3分の2を割譲)
1941〜1945年	第2次世界大戦(枢軸国)
1946年2月	ハンガリー共和国の成立
1949年8月	ハンガリー人民共和国の成立
1956年10月	ハンガリー革命(ソ連軍の侵攻)
1989年10月	民主制の共和国へと体制転換
1999年3月	NATO加盟
2004年5月	EU加盟
2007年12月	シェンゲン協定加盟
2010年4月	オルバーン・ヴィクトル率いるフィデス党が選挙に圧勝。長期政権へ
2012年1月	基本法(新憲法)施行(国名を「ハンガリー共和国」から「ハンガリー」に変更)

出所)外務省HPを参考に作成

② なぜオルバーン首相は変節したのか

　民主活動家として改革派若手グループを率いたオルバーンは1998年から2002年まで首相を務めた後、2010年5月、首相に返り咲きました。第2期オルバーン政権は党内で権力集中を進める一方、自由主義・親欧州路線から保守的な右派ポピュリズムへ移行し始めました。

　オルバーン首相は、移民制限や国外マジャール人の支援政策などを進めましたが、同時に報道の自由、司法権独立、多政党制民主主義を弱体化させ、ハンガリーを国家主義的、権威主義的な一党支配の腐敗したマフィア国家に変質させたとも批判されています。こうした方針変更の最大の理由は恐らく国内経済の悪化だと思います。

③ 経済はEU、エネルギーはロシアに依存

　ハンガリー経済は1990年代以降、外国資本を導入し経済開放政策を進めた結果、1997年以降、一時は年率4％以上の高成長が続き、「旧東欧の優等生」とも呼ばれていました。しかしその後は、インフレと高失業率で貧富の差が広がり、国民の不満も拡大し始めるなど、ハンガリー内外の政治状況は変化し始めました。2010年、反移民、反EU、マジャール第一主義などの右

派ポピュリズム政策を掲げたオルバーン首相は、こうした国民の不満の「受け皿」となることに成功し、首相に返り咲きました。こうしたオルバーン式の政治手法を「変節」「無節操」と見るか、「確信犯」的な「権力の亡者(もうじゃ)」と見るかは立場によって異なると思います。

④ハンガリー外交の本質

　19世紀までのハンガリーは中欧の大国として周辺地域を支配し、その後もオーストリア・ハンガリー帝国の一部として繁栄しました。しかし、第1次世界大戦後は海への出口を失い、周辺諸国に陸上国境で囲まれた小規模内陸国となり、ソ連の衛星国時代を経て、ようやくNATOとEU加盟も果たし、現在に至っています。このようにハンガリーと周辺諸国やEUとの関係は微妙であり、ハンガリー国民もEUが必ずしも自国の利益とはならないと感じているようです。ハンガリーが、EU加盟国でありながら必ずしも親EU、親米ではなく、逆にロシア、中国など権威主義国家を重視し始めた背景には、このような地政学的要因があると思います。

⑤ウクライナ戦争で割れる中東欧諸国

　ウクライナ戦争の長期化により、こうした傾向は一層顕在化しています。現在、中東欧のロシアの周辺国は、ロシアとの「対決か、宥和(ゆうわ)か」をめぐり意見が割れているようですが、エネルギー面で圧倒的にロシアに依存しているハンガリーが、近い将来、今の右派ポピュリズム路線を変更する可能性は低いでしょう。政権の維持を最優先するオルバーン政権にとっては、多少EU内で孤立することがあっても、従来の親露政策以外に政治的生き残りを保証する手段は当面ないと思われます。

宮家の採点

悪魔のささやき
- ❶ ○ 就任後に中道右派路線をとるメローニ伊首相とは大違い
- ❷ ○ ハンガリーでもカギは経済である
- ❸ ○ オルバーン首相は「確信犯」である
- ❹ ○ ハンガリーが将来の欧州の前兆とならない保証はあるか

天使のさえずり
- ❶ ○ オルバーン率いる与党は盤石(ばんじゃく)である
- ❷ △ マジャール人の感情だけでは説明できない
- ❸ ○ その意味でオルバーンは民族主義者である
- ❹ ○ 但し、オルバーン路線がいつまで続くかは未知数である

北朝鮮 ▶▶▶
独裁国家が内部から崩壊する可能性は低い

　過去数十年間、多くの日本人にとって、北朝鮮ほど未知で、不思議で、反日的で、かつ問題の多い国は他にないでしょう。なんちゃって社会主義とはいえ、過去70余年に父から子、孫への権力が継承できたこと自体、中国はもちろん、あのアラブ社会主義王朝シリアでもできなかった快挙です。

 悪魔のささやき

❶ 現代王朝国家・北朝鮮は、近代市民社会を一度も経験していない国民を、父子孫３代の独裁者一族が強権で支配する統制国家であり、その政治体制の崩壊を期待しても、簡単には実現しない

❷ 1990年代に起きた大飢饉（だいききん）を含め、北朝鮮経済は何度か危機的状況に陥ったが、金（キム）一族はその度に反対者粛清と支持者優遇、更に、最近ではロシアとの「同盟関係」強化などにより乗り切ってきた

❸ 通常兵器での米韓連合軍に対する北朝鮮の劣勢は明らかだが、核実験やミサイル開発は「挑発」ではなく、体制生き残りのための最後の「手段」であり、北朝鮮が核兵器開発を諦めることは決してない

❹ 北朝鮮の核は日米だけでなく中国やロシアにも向けられているが、中露、特に中国としては米軍が駐留する韓国との緩衝地帯である北朝鮮を最後は「維持する」以外、他の選択肢はない

 天使のさえずり

❶ 独裁体制とはいえ３代も続けば当然綻（ほころ）びが出るので、今後は突然の暴発や崩壊にも備えるべきだ

❷ 経済は事実上破綻しており、対北朝鮮抑止も効いているので、引き続き抑止政策を維持すべきだ

❸ 北朝鮮が核兵器を使った時点でアメリカと韓国は総攻撃により北朝鮮を滅亡させるので、朝鮮戦争再発の可能性は低い

❹ 最も効果的な抑止策は、日本、アメリカ、韓国による有事対応能力の向

上であり、日韓関係改善に努めるべきだ

宮家の解説

① 朝鮮戦争はなぜ起きた

1950年6月25日、金日成率いる北朝鮮軍が北緯38度線を越えて韓国に侵攻しましたが、これには伏線があります。同年1月、アメリカのアチソン国務長官が米軍の防衛ラインの内側に朝鮮半島を含めなかったため、金日成が「南進は可能」と誤算した可能性があるからです。いずれにせよ、国連安保理がソ連欠席のまま緊急会合を開催、即時停戦と北朝鮮の撤退勧告を決議します。

早速、アメリカは米軍部隊を単独で朝鮮半島に派遣しました。ちなみに、スターリンが北朝鮮に同意を与えていたにもかかわらず、肝心の国連安保理会合に欠席したソ連の意図は不明です。この点については様々な説がありますが、こうしたモスクワの優柔不断な態度はその後も続きました。

② 今も国連軍は日本に存在する

7月に入り、北朝鮮軍は朝鮮半島南端の釜山に迫ったため、国連安保理はソ連欠席のまま「国連軍」の派遣を決定します。この「朝鮮国連軍」は国連史上初（で恐らく最後）の、PKO（国連平和維持活動）ではない実戦を戦う戦闘部隊でした。1953年の休戦後も朝鮮国連軍の司令部は韓国に置かれています。

ところで、この国連軍の「後方司令部」が日本にもあることをご存じですか。**1957年にキャンプ座間に設置され、今は横田基地にあります。朝鮮国連軍については日本と関係各国が「国連軍地位協定」を結んでおり、日本は今も事実上「朝鮮国連軍」の後方基地となっているのです。**

③ 北朝鮮は内部崩壊しないのか

昔話はこのくらいにして、今の話をしましょう。巷に流布される「北朝鮮内部崩壊」説の大半は、独裁国家の本質を知らない希望的観測に過ぎません。私は外務省時代、エジプト、イラク、中国という三つの独裁国家に赴任しましたが、これらの独裁国家は決して簡単には崩壊していません。最近のシリア政権崩壊は例外に近いでしょう。独裁体制とは強力な統制と何重もの密告制度により、国民を統治するシステムです。**一度確立した独裁システムに外から挑戦することは極めて難しいと思います。**

④北朝鮮は核を放棄するのか

　通常兵器に関する限り、米韓連合軍の装備は北朝鮮を圧倒しており、仮に北朝鮮のミサイルでソウルが壊滅的な被害を受けても、戦争自体は米韓軍の圧勝となります。そうであれば、**今や唯一の「生き残り」手段となりつつある核兵器を北朝鮮が放棄する可能性はゼロに近いでしょう。2018年の一連の米朝首脳会談**でも、北朝鮮は「朝鮮半島の非核化」、すなわち米軍の核兵器撤去を前提とする北朝鮮の核開発計画の放棄の可能性にしか言及せず、**自発的に核開発を放棄すると述べたことは一度もありませんでした。**

⑤頻繁なミサイル発射実験の理由

　ミサイル発射は記念日の打ち上げ花火ではありません。北朝鮮は少なくとも1994年以降一貫して核弾頭とミサイルなど運搬手段の開発を進めています。**ミサイルや核の実験を行うのは、開発中の新型兵器をテストするか、配備済み兵器の性能向上に向け必要な実験をするためです。**北朝鮮が誤射して日本の都市に着弾する可能性は否定しませんが、失敗すれば対日直接攻撃ともなり得る危険な実験を北朝鮮が強行する確率は低いと思います。

⑥第2次朝鮮戦争は起きるのか

　北朝鮮から攻撃を仕掛けても通常兵器では米韓軍に勝てませんし、**核先制攻撃でもしようものなら、米韓は北朝鮮を徹底的に破壊します。これを熟知する北朝鮮側の判断ミスでもない限り、戦闘再開はありません。**但し、その間に北朝鮮の核戦力が強大化していくことだけは間違いないでしょう。また、2期目のトランプ政権が再び「北朝鮮との対話」を模索する可能性はありますが、恐らく成果は出ないでしょう。

宮家の採点

悪魔のささやき
- ❶○ 古今東西、独裁国家は簡単には崩壊しない
- ❷○ 北朝鮮は既に何度も危機的状況を乗り切っている
- ❸○ 北朝鮮が核兵器開発を諦めることは決してない
- ❹○ 中国は米軍の駐留する韓国との緩衝地帯・北朝鮮を守る

天使のさえずり
- ❶△ 希望的観測に近い
- ❷△ 経済は既に破綻しているが、体制維持は可能である
- ❸△ 金正恩(ジョンウン)が判断ミスをしない限り戦闘再発の可能性は低い
- ❹○ 効果的抑止策の一つは日韓関係の改善である

中国 ▶▶▶
独裁的権力集中で国際的孤立を深めていく

　日本にとって中国は永遠の隣国ではありますが、両国関係は必ずしも友好的、安定的ではありませんでした。1972年の国交正常化から50余年経ちましたが、21世紀に入り、中国は自己主張の強い対外姿勢をとり始め、国内では共産党独裁、特に習近平個人への権力集中が一層進みつつあります。

悪魔のささやき

❶ 中国経済は既に「メルトダウン」が始まっており、一つ舵(かじ)取りを間違えば「バブル崩壊」や「長期不況」に陥る可能性が高まっている

❷ 3期目の習近平国家主席は益々独裁体制を強化しているが、今後経済成長が鈍化し、国民の生活水準が低下していけば、党内反対勢力の反発や一般国民の不満が拡大する可能性は高い

❸ 人民解放軍の組織改編と近代化は着々と進んでおり、台湾有事の際、仮に米軍の直接軍事介入があったとしても、人民解放軍は独力で台湾を制圧する能力を保持しつつある

❹ いずれ中国が習近平の任期中に「台湾の武力統一」を決断する可能性は否定できないが、その際アメリカ、特にトランプ政権が台湾防衛のため自ら戦い、米軍兵士の血を流すかは未知数である

天使のさえずり

❶ 習近平の独裁体制は強固であり、この種の独裁体制が簡単に弱体化・崩壊する可能性は低い

❷ 中国経済は今後徐々に衰えていくだろうが、突然の経済崩壊が起きることは近い将来考えにくい

❸ 台湾有事は基本的に海上・航空戦闘が中心となるので、米軍の軍事介入の可能性はウクライナよりも高い

❹ 中国が本気で台湾制圧を目指すなら、在日米軍基地や日本領空・領海への攻撃は不可避である

宮家の解説

①中華民族と民主主義

中国政府は、「中華民族」を「中国56民族の総称」としていますが、「中華民族」の95％は漢族です。中国で独裁体制が続く**最大の理由は今の中国が漢族の民族国家ではなく、中国共産党が漢族以外の少数民族を支配する多民族帝国だからです**。今の中国に民主主義を導入すれば、国内各地で個別の政治的主張が噴出し、「共産党の指導」の下で帝国を維持することは難しくなるでしょう。

②中国経済と中所得国の罠

今の中国が直面する最大の問題は不動産バブル崩壊後の経済停滞、若年層の高失業率と「中所得国の罠」の三つです。**開発途上国の1人当たり所得が1万ドルを超える今、中国はもはや低賃金と世界の工場による輸出主導経済政策では立ち行かなくなりつつあるのです。**

この「中所得国の罠」から逃れるには規制緩和、内需拡大、国有企業改革、技術革新などの諸政策が不可欠ですが、今の中国はこれと真逆の手法で

危機を克服しようとしています。権力集中で政治過程を支配することは可能ですが、経済活動を強権で統制すれば副作用が起きます。最近の無差別殺傷事件などはその典型例と言えるでしょう。

③イスラムと相容れない中華

イスラムと中華は融合が困難です。豚肉と酒と女性が不可欠な中国文化と、これらに最も厳しいイスラムの共存は容易ではありません。アッラーへの帰依を最重視するイスラム教徒に対し、「共産党の指導を優先せよ」と求めるのですから、摩擦が生じるのも当然でしょう。

④本当に軍事侵攻を行うのか

台湾問題は中国共産党の「統治の正統性」に直接関わる核心的利益です。2022年11月の米中首脳会談で中国側は、台湾問題を「核心的利益の中の核心」と説明しています。これは武力を使ってでも守るべき利益と理解されています。米軍が不介入なら台湾単独制圧は可能でしょうが、アメリカなどが本格介入すれば、制圧に失敗する可能性は高まります。あの慎重な習近平が、近い将来リスクのある台湾侵攻に踏み切る可能性は少ないでしょう。

他方、今後、中国が侵攻するとすれば、①台湾が独立宣言をする、②アメ

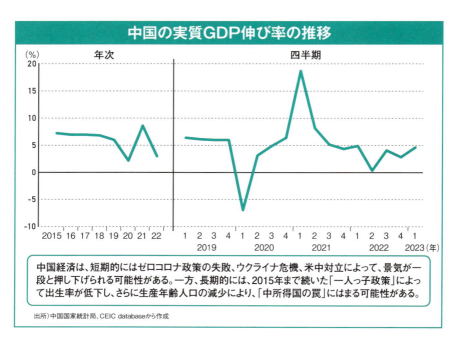

中国の実質GDP伸び率の推移

中国経済は、短期的にはゼロコロナ政策の失敗、ウクライナ危機、米中対立によって、景気が一段と押し下げられる可能性がある。一方、長期的には、2015年まで続いた「一人っ子政策」によって出生率が低下し、さらに生産年齢人口の減少により、「中所得国の罠」にはまる可能性がある。

出所）中国国家統計局、CEIC databaseから作成

リカが台湾に関心を失う、③党内権力闘争や大衆運動で習近平が対米弱腰を批判されるなどで、習近平政権が戦略的誤算を犯す場合が考えられます。プーチン大統領の誤算によるウクライナ戦争という前例もあり、要注意です。

⑤ 台湾有事は日本有事となるのか

日本有事を外国による対日武力行使と定義するなら、台湾有事が日本有事となる可能性は高いでしょう。中国が本気で台湾包囲作戦を始めれば、日本の領土である与那国島の領海・領空は戦域となります。更に、米軍介入を不可避と考えれば、中国はまず在日米軍基地を攻撃するでしょう。そうした武力行使は日本の領土に対する攻撃ですから、中国の攻撃は直ちに日本有事となります。これは集団的自衛権ではなく、日本の個別的自衛権の問題なのです。

⑥ 米中関係の行方

アメリカは1972年以来、台湾の現状維持のための「曖昧戦略」を維持してきました。それは、①アメリカは台湾独立を支持しないが、②台湾は中国の一部という中国の主張は承認せず、③国内法である台湾関係法で台湾を支援し、④中国に台湾問題の平和的解決を求める、というものでした。

ところが、近年の人民解放軍の能力向上により、こうした政策だけでは中国の台湾侵攻を抑止できず、アメリカは従来の「曖昧戦略」を一部見直し始めます。当然、中国側はアメリカの動きに強く反発しています。第2期トランプ政権が如何に対応するかは必ずしも明確ではありません。

両国関係は当面改善しないでしょうが、両国とも軍事的衝突は望みませんので、相互に誤算が生じないよう対話を続けるべきです。

宮家の採点

悪魔のささやき
- ❶ △ 今後中国経済は緩やかに減速していくのではないか
- ❷ △ 独裁体制は容易には内部崩壊しない
- ❸ △ アメリカの台湾支援が軍事的にどの程度かによって異なる
- ❹ △ トランプ政権は台湾防衛について曖昧戦略を続けるだろう

天使のさえずり
- ❶ △ 習近平の独裁体制は万全とは言えない
- ❷ ○ 突然の経済崩壊の前に突然の政治変化が起こり得る
- ❸ ○ アメリカは台湾関係法に基づいて軍事的に関与はする
- ❹ ○ 在日米軍基地は最初かつ最大の攻撃対象となる可能性がある

台湾 ▶▶▶
民衆の94％が自分たちは「台湾人」と考えている

　日本人にとって台湾ほど身近な中華圏はないでしょう。明治維新以降、日本の敵対勢力がこの島を実効支配したことはありません。台湾の平和と安定は、遠く中東湾岸地域までのシーレーンの安全を含む、日本の安全保障にとって不可欠な国際環境に寄与してきました。こうした環境は変わるのか、変わるとすれば、それはいつなのでしょうか。

 悪魔のささやき

❶ 事実上「独立」している台湾は民主化に成功し、経済的繁栄を享受しているものの、中国との関係で主権国家として「独立」を宣言することはできず、その国際的立場は当面不安定であり続ける

❷ 経済安全保障をめぐる議論はあるが、台湾の対中国経済依存は圧倒的であり、台湾の経済や技術水準が現在如何に高くとも、中長期的には人口14億人の巨大中国市場抜きに台湾経済が存続することは困難である

❸ 軍事的には、最近の人民解放軍の能力増強により、アメリカなどの諸外国が軍事介入しない限り、中国は単独で台湾を軍事侵攻し制圧できるだろうが、第2期トランプ政権の台湾政策は予測不能である

❹ 外交的には、アメリカなどが台湾との関係強化を模索しているが、台湾と外交関係を結ぶ国の数は近年漸減しており、台湾の国際的孤立が改善する見込みは当面ない

 天使のさえずり

❶ 現・頼清徳（らいせいとく）指導部は台湾「独立」を志向しておらず、中国が近い将来、台湾に「軍事侵攻」する口実は乏しい

❷ 台湾は半導体などハイテク分野で技術力を高めており、台湾経済が近い将来失速する可能性はない

❸ 外交関係は縮小するも、第2期トランプ政権でもアメリカの台湾支援は続き、台湾の潜在的支援国は増えつつある

❹台湾内、特に若年層では「台湾人」アイデンティティが拡大しており、中国への帰属感は薄れつつある

宮家の解説

①中国は台湾を実効支配したことがない

正確には、「中華人民共和国は」と言うべきでしょう。漢族が台湾に移住し始めた17世紀、台湾はオランダとスペインの植民地でした。1662年に鄭成功(せいこう)がオランダを追放して台湾に「東寧(てい)王国」を建てましたが、その後、清朝が同王国を破り、台湾を併合します。1895年に日清戦争後の下関条約で台湾は清朝から日本に割譲され、1945年以降は「中華民国」が台湾を実効支配しています。

②台湾の民主主義

皮肉なことに、台湾に民主主義を定着させたのは中国でした。1995年から1996年にかけて、中国は台湾海峡周辺海域で一連のミサイル発射実験を行いました。当時は台湾で初の直接民選総統選挙が行われる直前で、この軍事的危機もあり、初の民選総統には李登輝(りとうき)が当選しました。

中台軍事力の比較

		中国	台湾
陸上戦力	総兵力	約204万人	約17万人
	陸上兵力	約97万人	約9万4000人
	戦車等	99/A型、96/A型、88A/B型など 約5920両	M-60A、M-48A/Hなど 約750両
海上戦力	艦艇	約690隻 約236万トン	約150隻 約21万トン
	空母・駆逐艦・フリゲート	約100隻	約30隻
	潜水艦	約70隻	4隻
	海兵隊	約4万人	約1万人
航空戦力	作戦機	約3200機	約470機
	近代的戦闘機	J-10×588機 Su-27/J-11×327機 Su-30×97機 Su-35×24機 J-15×60機 J-16×292機 J-20×200機 (第4・5世代戦闘機 合計1588機)	ミラージュ2000×54機 F-16(改修V型)×140機 経国×127機 (第4世代戦闘機 合計321機)
参考	人口	約14億2000万人	約2360万人
	兵役	2年	1年

注)資料は、IISS「ミリタリー・バランス(2024)」などによる
出所)防衛省「令和6年版 防衛白書」

こうした中国側の強硬措置は逆効果となり、台湾独立志向の強い李登輝が当選したことは皮肉としか言いようがありませんが、同様のことは2020年にも起きています。香港当局がデモを厳しく取り締まった結果、危機感が高まった台湾では当時劣勢だった民主進歩党（民進党）の蔡英文総統が再選されたからです。

③頼清徳は台湾独立派か

　中国は頼清徳総統を「台湾独立派」として厳しく批判しています。頼総統が「台湾独立」を主張してきたことは事実ですが、2024年5月の総統就任後は「台湾は中華民国という名の独立した主権国家である」と述べつつも、具体的行動は封印し、蔡英文前政権と同様、現実的な現状維持外交を進めています。

④切り崩される台湾外交

　2024年末の段階で「中華民国」と外交関係をもつ国連加盟国（オブザーバー参加含む）は12カ国しかありません。2016年に民進党の蔡英文政権が成立後、中国は中南米諸国に対し「中華民国」との断交を迫る外交を進め、台湾は2016年にはサントメ・プリンシペ、2017年にはパナマ、2018年にはエルサルバドル、ドミニカ、ブルキナファソ、2019年にはソロモン諸島、キリバ

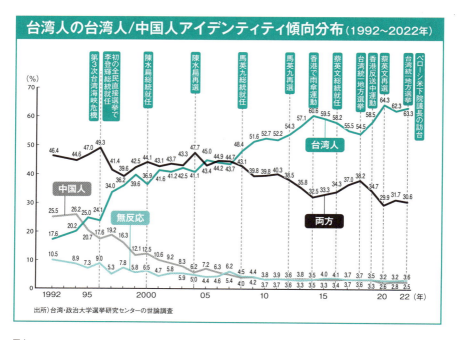

76

ス、2021年にはニカラグア、2024年にはナウルと、それぞれ断交しています。

⑤ 台湾人の意識に変化は

台湾・政治大学選挙研究センターの世論調査[7]によれば、自らを「台湾人」「中国人」「両方」と考える台湾の人々の割合が1992年からの30年で激変し、「台湾人」が17.6％から63.3％に、「中国人」が25.5％から2.5％に、「両方」が46.4％から30.6％になったそうです。つまり、**今や台湾民衆の約94％が「台湾人」アイデンティティをもっている以上、中国が台湾を「平和的に統一」することは難しいでしょう。**

⑥ アメリカの「曖昧戦略」

日米両政府は1972年以降、「台湾は領土の不可分の一部」とする中国の立場を「十分理解し尊重」または「アクノレッジ（認知）」するだけという「曖昧戦略」で中国による台湾軍事侵攻を抑止してきました。

しかし、こうした「曖昧戦略」で中国を抑止できた時代は終わりつつあります。**アメリカ国内には、中国の軍事的優位は明らかな以上、「台湾関係法」と「曖昧戦略」だけでは中国を抑止できないとする声と、「明確戦略」をとれば中国は台湾への軍事的・非軍事的圧力を強めるだけで逆効果という声があります。**但し、第2期トランプ政権が台湾有事の際に如何なる態度をとるかは必ずしも明らかではありません。

⑦ 日台関係はどうなる

日本には「台湾関係法」がないので、日台関係は1972年の日中共同声明の「趣旨」に基づき、経済や領事関係など非政治的な関係に留まりますが、地域の安全や安定に関する意見交換や協力は続けるべきです。

宮家の採点

悪魔のささやき
- ❶ ○ 台湾が独立宣言すれば、中国は武力行使し、アメリカは介入しない
- ❷ △ 経済の対中依存は否定し難いが、それは武力制圧を正当化しない
- ❸ ○ アメリカが介入しなければ中国による制圧は可能だろう
- ❹ ○ 台湾と外交関係を結ぶ国が増えるとは当面思えない

天使のさえずり
- ❶ × 「軍事侵攻」の口実は何とでも作れる
- ❷ △ 台湾半導体産業も「曲がり角」という見方は消えない
- ❸ ○ 但し、潜在的支援国ができることには限度がある
- ❹ △ 中国人・台湾人「両方」の回答が今も3割あることは要注意

[7] https://esc.nccu.edu.tw/PageDoc/Detail?fid=7804&id=6960

香港▶▶▶
このままでは中国の一地方都市に成り下がっていく

　国家安全維持法の施行から5年、香港の民主化運動はどうなったのでしょう。同法施行以前は毎日のように学生や一般市民によるデモや声明の発表が報じられていましたね。香港はこれからどこへ行くのか。東アジア国際金融の中心の一つとして生き延びるのか、それとも、中国の一地方都市に成り下がっていくのでしょうか。香港と中国本土との微妙な関係を見ていきましょう。

 悪魔のささやき

❶イギリス植民地時代の「香港」には民主主義など存在しておらず、香港「民主化」は香港の返還が決まってからイギリスが付け焼刃で導入した、実に底の浅いシステムでしかない

❷経済活動・情報の自由があった香港は、世界市場への中国のゲートウェイとして機能したが、中国の深圳（シンセン）や上海がある程度国際化することで、香港の「価値」は大幅に減少しつつある

❸台湾とは異なり、万一、中国大陸と陸続きの香港で「民主化運動」が拡大すれば、それは中国国内に直ちに伝播し、共産党の統治の正統性を揺るがす恐れがあるので、中国には弾圧以外の選択肢はない

❹今後、香港は、他の中国の大都市と比べれば経済活動・情報の自由がある程度保障されるものの、基本的には広東省（カントン）の一地方経済都市として生き残っていくしかないだろう

 天使のさえずり

❶香港は、台湾と共に、中国語を使う中華世界でも民主主義は実践可能であることを世界に示した

❷香港の経済的地位は低下するだろうが、中国本土にはない自由な経済システムは必ず生き残るだろう

❸香港の政治的自由は失われたが、返還後20年以上の「民主化」の経験が

完全に消えることはない

❹香港からの人材流出は今後も続くが、国際社会はこれ以上の香港情勢の悪化を防ぐべきである

宮家の解説

①なぜイギリスは香港を返還したのか

1842年と1860年の南京、北京両条約でイギリスは香港島と九龍半島の南部を獲得し、1898年には新界と呼ばれる緩衝地帯を99年間租借することになりました。1982年、当時の**サッチャー首相**は新界の租借期限である1997年に向け中国の**鄧 小 平**と交渉を始めますが、1984年には香港地域全体の主権を中国に返還することで合意しました。

なぜイギリスは、自国領だった香港や九龍半島まで返還したのでしょうか。当時イギリス国内では最後の植民地である香港に対する関心が低かったようで、サッチャー首相は植民地の維持よりも、中国との関係改善を優先したのだと思います。

ちなみに、返還交渉当時は、イギリス政府内にすら、返還前に香港の民主

香港返還の関連年表

1984年	中英共同声明調印。1997年の返還が決まる
1990年	中国全国人民代表大会(全人代)、香港基本法を採択
1997年	7月1日、イギリス、香港を中国に返還。「一国二制度」開始
2003年	香港政府、市民の反発を受け、国家安全条例案を撤回
2014年	6月、中国、香港に対する全面的統制権を明確化
	9〜12月、香港行政長官選挙の民主化を求め、学生、市民が「雨傘運動」を展開
2017年	香港返還20周年式典で、習近平「一国二制度」での「一国」重視を強調
2019年	6月、逃亡犯条例改正案反対運動で200万人がデモ
	11月、香港区議選で民主派が8割以上を獲得
2020年	6月30日、中国全人代常務委員会で香港国家安全維持法が可決成立。香港で即日施行され、民主派への統制強まる

出所)「世界史の窓」を参考に作成

2019年12月8日の大規模な反政府デモに約80万人(主催者発表)が参加したとされる

化をできるだけ進めて後戻りできないようにすべしとする意見と、民主化を急げばかえって中国側を刺激し、状況は今よりも悪化するとする声があったようです。結果的には後者が正しかったのかもしれません。

②なぜ中国は50年待てなかったのか

香港での2014年の雨傘運動と2019年の民主化デモの盛り上がりに、中国側が脅威を感じたからでしょう。**2019年のデモでは一部学生が香港独立まで主張しました。中国側は今学生などの動きを止めなければ、民主化の波は深圳から中国本土全体に及ぶと深刻に受け止めたのだと思います。**いずれにせよ、返還から23年で香港の「一国二制度」は完全に消滅しました。その間、イギリスは殆どなす術がありませんでした。

③香港の経済的価値は失われたか

歴史的に見て香港は、国際化が必ずしも進んでいなかった中国本土経済が国際市場へ出て行くゲートウェイとしての役割を果たしてきました。現時点では、中国側も香港の「中国化」は慎重かつ段階的に行っているようであり、香港の経済的メリットも完全に失われてはいません。

もちろん、先を読む中国経済人の一部は、既にシンガポールや深圳に拠点を移しているでしょうが、深圳に香港のような経済的柔軟性は期待できませんし、国際金融資本も今のところ香港に一定の利益を見出しているようです。

④ 香港人は中国人か

　香港人の心中は複雑だと思います。外国に逃げる余裕のある香港人はとっくの昔にイギリス、アメリカ、カナダなど非中国籍を取得しているはずです。今残っている香港人は中国政府のやり方に納得してはいないものの、香港に住み続ける以外に選択肢があまりない人々だと思います。

　香港は中国の特別行政区ですが、全ての香港人が中華人民共和国の国籍をもっている訳ではありません。**香港の人口約700万人の内、300万〜400万人は特別行政区パスポートとイギリスパスポートをそれぞれ所持するなど、多くの香港人は二重国籍者となっているようです。**

⑤ 香港は民主主義を取り戻せるか

　今、香港は民主主義をほぼ失ってしまいました。既に中国本土では、従来の最低限の自由な言論の空間すら閉じられていますので、今後、香港で2014年以降見られた大衆政治運動が復活する可能性はゼロに近いでしょう。

　私も当時は何度か香港を訪れ、実際に大規模デモを目撃しましたが、一部の学生や労働者が過激化し、火炎瓶などの暴力に訴え始める姿を見て、1970年代の日本の「全共闘」を思い出しました。**特に、デモ隊の中にアメリカの星条旗や「香港独立」と書いたプラカードを掲げる一部の若者を見た時、「このままでは民主化運動は必ず失敗する」と確信したのを覚えています。**

　しかし、だからと言って、香港の限定的ながらも中国本土よりは自由な環境をこれ以上悪化させて良い訳ではありません。日本を含む西側諸国は、香港のユニークな政治経済環境が中国にとっても利益であり、これを維持するよう中国側に働きかける必要があると思います。

宮家の採点

悪魔のささやき
- ❶ ○ イギリス植民地時代の「香港」には民主主義などなかった
- ❷ △ 香港の経済的「価値」が消滅することは当面ない
- ❸ ○ 香港は陸続きであり中国に弾圧以外の選択肢はない
- ❹ △ 広東省の地方経済都市は多々あり競争は厳しい

天使のさえずり
- ❶ △ 香港の民主主義は返還直前のイギリスの置き土産（みやげ）に過ぎない
- ❷ △ 香港の経済的地位を決めるのはマーケットではなく中国である
- ❸ × 香港の底の浅い「民主化」の記憶が残る保証はない
- ❹ × 中国にとって「自由な香港」のメリットはほぼなくなった

韓国 ▶▶▶
日本と韓国が和解する可能性はゼロではない

　日本にとって韓国ほど付き合いの難しい国はありません。同じアメリカの同盟国で、自由、民主主義など普遍的価値を共有する国同士でありながら、韓国の民主化が進めば進むほど関係が悪化していくとすら感じます。対日関係改善を進めた尹錫悦（ユンソンニョル）大統領への弾劾案が可決され、中国が台頭する中、日韓関係の改善は進むでしょうか。

 悪魔のささやき

❶ 韓国の民主主義はまだ若くダイナミックであるが、北朝鮮、中国、日本、アメリカとの関係は、内政上、政権与党の「統治の正統性」を左右する重大要素であり、最も重要な内政上の争点の一つでもある

❷ 世界経済のグローバル化により先進国の仲間入りをした韓国経済も、最近の物価上昇と、これまで依存してきた中国経済がコロナ禍以降、成長鈍化し始めたことなどを受け、先行きが不透明になっている

❸ 韓国外交は米韓同盟を基調としているが、国内では対日米協調派と対中朝融和派間の対立が今も収斂（しゅうれん）せず、次回大統領選挙の結果次第では、今後も対外政策が漂流し続ける可能性は十分ある

❹ こうした内政事情もあり、日韓関係は韓国内政に翻弄されつつ、今後も紆余曲折が続く可能性が高く、近い将来、両国が最終的和解に到達することはないだろう

 天使のさえずり

❶ 内政は民主化30年で徐々に成熟化しつつあり、多少の混乱はあっても、よりブレの少ない安定した政治は期待できる

❷ 経済的困難は続くが、日本以上に世界市場を意識する韓国経済には再び成長する潜在的能力がある

❸ 対日関係はともかく、米韓同盟は盤石（ばんじゃく）であり、少なくとも保守政権の外交安保政策は健全である

❹ 社会面ではいずれ**386世代**(1990年代に30代、80年代に民主化闘争、60年代生まれ)に代わり、より現実的な若い世代が台頭し、韓国は安定に向かうだろう

宮家の解説

① 対中コンプレックス

　朝鮮半島の地政学的位置は決して幸運とは言えません。海に囲まれ防御が容易な日本とは異なり、陸続きで北は満洲族、西は漢族と接し、南の遠くない沖に日本があるという地政学的に脆弱な半島は、常に周辺の「蛮族」の圧力に苛まれました。この半島の生き残りのカギは全方位バランス外交です。

　特に、中国からの圧力には極めて脆弱だったため、強い者に従う「事大主義」、対中優越感丸出しの「小中華意識」、怨念を引きずる「ハン(恨)の文化」[8]が顕著なのかもしれません。今の韓国の民主主義は韓国国民がこうした歴史的遺産を克服する史上初の政治的プロセスなのだと思います。

② なぜ前・元大統領は不遇なのか

　第２次世界大戦後の韓国政治は長く元軍人大統領による強権政治でした。1990年代からの民主化で徐々にその怨念は克服されつつあります。しか

韓国民主化後の歴代大統領と主な出来事

盧泰愚 ノ・テウ	1979年 1987年	朴正熙(パク・チョンヒ)大統領暗殺事件後、クーデターにより軍の実権を掌握 激しい民主化デモを受けて「民主化宣言」を発表
金泳三 キム・ヨンサム	1993年 1995年	大統領就任後、軍の改革と不正摘発を推進 竹島問題で船の接岸施設建設などの強硬姿勢をとり、日本との関係悪化
金大中 キム・デジュン	1998年 2000年 2000年 2001年	北朝鮮に対する融和的な「太陽政策」を推進 北朝鮮の金正日労働党総書記との南北首脳会談を初めて実現 ノーベル平和賞を受賞 韓国を襲ったアジア通貨危機を克服
盧武鉉 ノ・ムヒョン	2007年	2回目となる南北首脳会談を実現
李明博 イ・ミョンバク	2010年 2012年 2012年	20カ国・地域(G20)首脳会合を開催 核安全保障サミットを開催 竹島に上陸して日韓関係が悪化
朴槿恵 パク・クネ	2015年 2015年 2017年	日本との2国間でのスワップが全て終了 慰安婦問題で日韓合意 憲法裁判所によって罷免が決定
文在寅 ムン・ジェイン	2017年 2018年 2018年	アメリカのミサイル防衛システムへの不参加を中国に誓約 韓国最高裁が元徴用工への賠償を日本企業に命じる 北朝鮮の金正恩労働党委員長との南北首脳会談
尹錫悦 ユン・ソンニョル	2022年 2024年 2024年 2025年	梨泰院(イテウォン)で158人の死者を出す雑踏事故が発生 尹錫悦大統領が非常戒厳を宣布 務安空港での航空機事故 尹大統領が内乱を主謀した疑いで拘束される

[8] https://ja.wikipedia.org/wiki/%E6%81%A8

し、政敵に対する不信は根深く、また強力な大統領権限に群がる不届き者はいますので、結果的に多くの大統領はスキャンダルに巻き込まれます。

　この悪循環を如何に断ち切るかは、韓国民主主義の成熟度次第です。日本でも長く「保革対立」の怨念が政治を支配しましたが、「全共闘世代」の現役引退を契機に、最近はより現実的な政治環境が生まれつつあります。韓国でもいわゆる「386世代」が同様の役割を果たしていると思います。

③アメリカとの強固な同盟

　ギクシャクする日韓関係とは対照的に、韓国歴代政府はアメリカとの同盟関係を常に最優先してきました。中国、北朝鮮への配慮が顕著だった文在寅政権下ですら、韓国軍と在韓米軍との軍事的連携は維持されました。**米韓同盟は、日米同盟とは異なり、朝鮮戦争を実戦で共に戦った経験に基づく強固なものです。韓国のこうした現実的側面を過小評価してはなりません。**

④世界市場を目指す

　韓国経済は1960年代に「漢江(ハンガン)の奇跡」と呼ばれる経済復興を成し遂げました。しかし、その最大の短所は国内市場が小さいことです。歴代の韓国政府・企業はこの短所を逆手に取り、より大きな国際市場に焦点を当て、国際

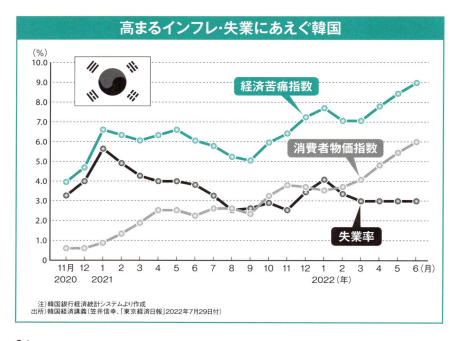

高まるインフレ・失業にあえぐ韓国

注)韓国銀行経済統計システムより作成
出所)韓国経済講義(笠井信幸、「東京経済日報」2022年7月29日付)

スタンダード化、英語化、先端技術革新に舵を切りました。

　このような芸当は、当時の日本では不可能です。中途半端に国内市場が大きい日本の企業は、一部の最先端企業を除き、無理して英語による国際基準をクリアするよりも、慣れ親しんだ日本語の国内市場で利益の最大化を目指しました。数十年後の結果は今日見ての通りです。**今からでも遅くはありません。日本も韓国同様の自己変革を目指すべきでしょう。**

⑤インド太平洋への関心

　米韓同盟は基本的に北朝鮮の侵略を抑止するものでしたが、中国の台頭によってその再定義が求められています。アメリカはインド太平洋地域での力による現状変更（つまり中国）の抑止に韓国の参画を望んでいますが、バランス外交を基本とする韓国は必ずしも前向きではありませんでした。

　しかし、こうした傾向は徐々に変わりつつあります。韓国政府は2022年12月に「インド太平洋戦略」を発表、中国に配慮しつつも、日本、アメリカ、オーストラリア、インドなどの最近の動きに歩調を合わせています。中長期的には韓国の**QUAD（日米豪印対話）**への関与も徐々に実現すると思います。

⑥日韓関係に未来はあるか

　私は基本的に楽観的です。韓国内政が不安定化すれば、反日感情が再び高まる可能性もありますが、和解の可能性もゼロではありません。日米間でも、真珠湾と広島・長崎という心の棘（とげ）を取り除くのに70年以上必要でした。日韓関係にはそれ以上の時間が必要かもしれませんが、**韓国人が健全なバランス感覚をもって自国の置かれた国際環境を冷静に分析すれば、日本と韓国の和解というゴールは少しずつでも見えてくると思います。**

宮家の採点

悪魔のささやき
- ❶ ○ 残念ながら日韓関係は外交問題以上に内政問題である
- ❷ ○ 韓国の少子高齢化は日本以上に深刻である
- ❸ ○ 韓国のバランス外交感覚は今も健在である
- ❹ △ 和解には時間がかかるだろうが、不可能ではないはず

天使のさえずり
- ❶ × 386世代の現役引退までは現状が続くだろう
- ❷ △ 規模の小さい韓国経済の国際戦略は日本より優れている
- ❸ ○ 韓国の対米関係最重視政策は当面変わらない
- ❹ △ 韓国の若い世代の中でも格差は拡大している

ミャンマー ▶▶▶
国軍が文民政治への転換を考える可能性は低い

　ミャンマーの民主化努力は、インドシナ半島における最後の実験でした。長く続く軍事政権を批判し続けた欧米諸国とは異なり、日本は民主化に向け軍事政権との対話を続けるなど、独自の働きかけを行いました。その結果、2011年に民政移管が実現するのですが、権力獲得後にしっかりとした統治を行わないと、民主化は定着しないようです。

 悪魔のささやき

❶ 1988年以来、軍政が続いたミャンマーは、2011年に**アウンサンスーチー女史**を中核とする民政に移管したが、失政もあって長続きせず、2021年の軍事クーデターにより再び軍が全権を掌握し、民主化は頓挫している

❷ ミャンマー経済の潜在的可能性は高いが、近年はマイナス成長が続くなど厳しい状況にあり、軍事クーデター後の経済制裁が続く限り、経済成長のカギとなる外国からの直接投資増加は期待できない

❸ 軍事クーデター後、再び欧米諸国との関係がギクシャクしたため、一時悪化した対中関係は改善し、最近では対露関係も緊密化するなど、外交面では迷走と孤立化が続いている

❹ 国内ではスーチー女史に対する支持が根強いが、国際社会からは、軍部だけでなく、**少数派イスラム教徒ロヒンジャ**に対する弾圧問題に向き合おうとしないスーチー女史にも厳しい目が注がれている

 天使のさえずり

❶ 今のミャンマーに必要なものは安定した政治であり、現軍事政権は非民主的だが、必要悪でもある

❷ ミャンマー経済の潜在的可能性は高く、より現実的な経済政策があれば、経済成長は不可能ではない

❸ ミャンマーを中国、ロシアに接近させないよう、国際社会は軍部に対し粘り強く「再民主化」を働きかけるべきだ

❹内政の諸問題、特に国際的批判が強いロヒンジャ問題が解決に向かえば、投資状況は改善する

宮家の解説

①なぜ軍事政権が続くのか

　現在、ミャンマーと呼ばれる地域は、西のインド亜大陸、北の中国、東のタイ、南のインド洋に囲まれた、ビルマ族を中心とする民族国家でした。11世紀以来、一時的にモンゴル、イギリス、日本などに支配はされたものの、基本的にはビルマ族による王朝・国家が続きました。

　19世紀にイギリス植民地となり、多民族国家になりました。第2次世界大戦中は日本の占領を受け、1948年に漸く独立しますが、1962年のクーデターで軍事独裁政権が生まれ、1988年の民主化運動による同政権崩壊後も、2021年には国軍が再びクーデターで軍事政権を樹立するなど、ミャンマーは内外諸勢力に翻弄されてきました。

　このように西・北・東の三方が陸続きの多民族国家ミャンマーは、文化・宗教的にはイスラム、中華、仏教が、また国際政治的には1945年までイギリス、中国、日本などの諸勢力が、それぞれ交錯・競争する回廊でした。この地の統治には強力な軍事政権が必要だったのかもしれません。

②ロヒンジャ問題とは

　ロヒンジャとは、様々な理由でインド亜大陸、特に現在のバングラデシュから移住し、現在、ミャンマー国内に居住するイスラム教徒を指します。その起源については諸説ありますが、仏教徒が大多数を占めるミャンマーにイスラム教徒が流入するのですから、当然、軋轢が生まれ、これまでミャンマー西部では何度も凄惨な宗教的迫害事件が起きたと言われています。

　国家としてロヒンジャに対する差別、迫害、弾圧が高まったのは1962年の軍事クーデター以降のようです。**現在、ミャンマーはロヒンジャを土着の民族と認めず、国籍も与えていません。国連や欧米諸国の非難にもかかわらず、ミャンマー政府は問題の存在自体を否定しています。**

③スーチー女史の功罪

　2011年、前年の総選挙で文民政権が発足し、アウンサンスーチーや政治犯が釈放され、2015年に行われた総選挙で彼女が率いる政党が両院で過半

ミャンマーの歴史

1752年	コンバウン朝が成立して全ビルマを統一
1824年	以降、三度にわたるイギリスとの戦いによって、ビルマは全土を失う
1886年	イギリスはビルマをイギリス領インド帝国の1州とし、過酷な統治を行う。イギリスは大量のインド人と華僑をビルマに入れ、さらにカチン、モンなどの山岳民族をキリスト教に改宗。これにより、もともと単一民族、単一宗教だったビルマは、多民族、多宗教国家となった
1937年	バー・モウを首班とする初のビルマ人の政権が成立。インドから独立しイギリス連邦の自治領となる
1942年	アウンサン率いるビルマ独立義勇軍が日本軍とともにイギリス軍を駆逐
1943年	日本の後押しを受け、バー・モウを元首とするビルマ国が建国
1945年	連合国の勝利によって日本軍は撤退。イギリス軍が再来し、ビルマは再びイギリス領となる
1947年	アウンサンを快く思わないイギリス軍将校の策略によって、アウンサン暗殺
1948年	イギリス連邦より独立しビルマ連邦となる(初代首相はウー・ヌー)
1950年代	ウー・ヌー首相が仏教(ビルマ本来の国教)優遇策をとったため、カチン、カレンなどの民族の反発を招く
1958年	ウー・ヌー首相が国軍の最高指揮官ネ・ウィンに政権を移譲
1962年	少数民族の分離独立運動が激しさを増す中、ネ・ウィンがクーデターを起こし、軍政を開始。ネ・ウィンは紙幣廃止令などの経済統制政策をとり、インド人や華僑を徹底的に抑え込む
1988年	民主化運動が深刻化し、ネ・ウィンは辞任。国防大臣ソウ・マウンが民政に移行するまでの暫定政権を発足。アウンサンの娘アウンサンスーチーが国民民主連盟(NLD)を結成し、総書記に就任(イギリスが裏で糸を引いていたという説もある)
1989年	暫定政権は国名をビルマからミャンマー連邦へ変更。スーチーが国家防御法違反で自宅軟禁に
1990年	総選挙が行われ、「民主化」を謳うスーチーが大勝するも、暫定政権は「民主化より国の安全を優先する」と移譲を拒否。スーチーを再び自宅軟禁に。これに対して、欧米諸国が様々な形で制裁を科す(イギリスがアメリカを巻き込んで国際的な批判を展開したという説もある)
1991年	スーチーがノーベル平和賞受賞(自宅軟禁中のため、授賞式には出席できなかった)
1992年	ソウ・マウンが健康上の理由で辞任
1997年	ASEAN 加盟
2006年	ネーピードー(「王の住む土地」の意)へ首都を移転
2007年	軍出身のテイン・セインが首相に就任
2010年	総選挙を実施。文民政権が発足
2011年	テイン・セインが大統領に就任。新政府に政権を移譲
2012年	補欠選挙が実施され、スーチーが政界復帰。EU、経済制裁の1年間停止を決定。オバマ米大統領が経済制裁を1年間延長
2015年	総選挙でNLDが圧勝するが、スーチーは「外国人の家族がいる国民は大統領に就任できない」という憲法の規定により国家顧問に就任
2021年	2月、軍事クーデターが勃発し、国軍が政権を掌握。スーチーは拘束される

出所)各種資料を参考に作成

数を獲得しました。しかし、国軍は依然として大きな影響力を維持し、2021年2月に再び政権を奪取して、現在に至っています。

　それにしても、なぜアウンサンスーチーの文民政府は統治に失敗したのでしょうか。確かに国軍の力は強大で、新政府の政策を妨害してきたことは否定できません。他方、**アウンサンスーチーが国民の圧倒的人気を得ながらも、ロヒンジャ問題も含め、国内の様々な問題を解決するだけの政治的力量を欠いていたことも否定し難い事実です。**

④ミャンマー経済と再民主化の可能性

　ミャンマー経済の直近の問題は、内戦による経済活動・物流の停滞や通貨安による輸入物価高騰が引き起こした低成長・高インフレです。**2021年の軍事クーデター後、欧米諸国による経済制裁が強化され、23年10月からは少数民族武装勢力などが各地で国軍への攻撃を拡大するなど、ミャンマー情勢は予断を許さない状況にあります。**

　欧米諸国は国軍に対し再び民主化を受け入れるよう働きかけていますが、軍部の対欧米不信は決して小さくないと思われます。**軍指導者は民主化よりも、国内の安定を重視しており、近い将来、国軍が文民政治への転換を真剣に考える可能性は高くないでしょう。**

⑤ASEAN（東南アジア諸国連合）との関係

　ミャンマーのクーデターに対し、ASEAN諸国は厳しい姿勢を維持していますが、加盟国が一致団結してミャンマーに政策変更を求めるには至っていません。**今後、ミャンマーが欧米諸国から距離を置き、再び中国やロシアに接近する可能性は高く、民主主義の退潮は当面続くだろうと思われます。**

宮家の採点

悪魔のささやき
- ❶○ ミャンマーの軍政と民政の繰り返しは今回が初めてではない
- ❷○ 軍部が頑なな限り、ミャンマー経済の成長には限界がある
- ❸○ 欧米諸国に代わって再び中国やロシアが影響力を高めつつある
- ❹○ スーチー女史の政治手腕は期待外れだったのかもしれない

天使のさえずり
- ❶△ 短期的には仕方がないとしても、働きかけは続けるべきである
- ❷○ しかし、そのためには軍政の転換が必要である
- ❸○ 日本は基本的にそう考えるが、欧米諸国との溝は深い
- ❹× ロヒンジャ問題はあまりに根が深く、一朝一夕では改善しない

フィリピン ▶▶▶
スペイン植民地主義とアメリカ民主主義の奇妙な融合

　フィリピンがスペインの、次いでアメリカの植民地であったことはご存じでしたか？　この西太平洋に浮かぶ7000余りの島々からなる島嶼国（とうしょ）は、ASEANの一員として東南アジアの発展に大きな役割を果たす一方、政治的にはアメリカの同盟国でありながら、南シナ海で影響力を拡大しつつある中国とも付き合っていかざるを得ない宿命を背負っています。

 悪魔のささやき

❶ 反米・親中で言動も予測困難だったドゥテルテ前大統領に比べれば、伝統的親米路線に復帰したマルコス大統領の外交は評価できるが、現在のフィリピンを取り巻く安全保障環境が改善する訳ではない

❷ インフラが脆弱なため大規模な輸出産業が育たず、海外直接投資を呼び込めないフィリピンでは、今も貿易赤字を海外出稼ぎ労働者の送金で埋める経済構造が続いている

❸ 安全保障分野では、バイデン政権が1951年の米比相互防衛条約に基づくフィリピン防衛義務を再確認しフィリピンでの米軍活動も増加しているが、トランプ政権がこうした方針をどこまで踏襲するかは未知数である

❹ フィリピン社会は、改善したとはいえ、今も高い貧困率と国内地域間の経済格差という構造的問題を抱えており、今後インフレや不況の影響で民衆の不満が拡大する可能性は常にある

 天使のさえずり

❶ ドゥテルテ前大統領はフィリピン民衆の反米ナショナリズムを、マルコス大統領は伝統的エリート層の利益を代表している

❷ フィリピンの政治・経済は、アメリカ型民主主義とスペイン型植民地主義の融合という現実を反映している

❸ 一国では中国と対峙できないフィリピンにはドゥテルテ型の対中宥和策か、マルコス型の対米協調策以外に手段がない

❹フィリピンの貧困問題はスペイン植民地時代以来の構造的問題であり、ドゥテルテ方式でもマルコス方式でも、解決できない

宮家の解説

①15世紀までは西太平洋の楽園？

フィリピンの周辺には、北方に台湾、東方にはパラオ、南西にはボルネオ島のマレーシア、南はインドネシアのセラウェシ州、西方には中国、ベトナムがありますが、いずれも距離的に遠かったため、15世紀までのフィリピン諸島はイスラム教が一部で広がった以外、基本的には比較的平和な地域でした。フィリピンが国際政治に巻き込まれていくのは、16世紀以降スペインの植民地になってからです。

②スペインとアメリカの植民地時代

16世紀以降、スペインは中南米と同様、フィリピンでも大地主が現地民衆を労働者として搾取するプランテーション経済を導入しました。19世紀末に独立運動が起き、1898年には独立が宣言されたものの、当時太平洋進出を目指しスペインとの戦争に勝利したアメリカは独立を認めず、結局フィリピン

フィリピンとその周辺国

はアメリカの植民地となりスペイン式大地主制度の下で植民地経営が続きました。最終的にフィリピンが独立したのは第２次世界大戦後の1946年です。

③フィリピン内政

　フィリピン内政もこうした経緯を反映してか、大地主富豪層を中心とする伝統的政治エリート層の諸グループ間での政権交代が続きました。皮肉なことに伝統的エリート層は、ある時は「民主主義改革派の旗手」として、ある時は「極悪非道の独裁者」として、それぞれの政治的役割を果たしたのです。

　こうした伝統的エリート政治に不器用ながらも敢然と挑戦したのが、あのドゥテルテ前大統領でした。同大統領の一見ハチャメチャな言動も、彼が伝統的政治エリートではなく、フィリピンの新興エリートを代表していると考えれば理解できます。しかし、今のマルコス政権になってフィリピンは伝統的エリート政治に戻ってしまいました。

④フィリピン経済

　最近のフィリピン経済は、個人消費を中心とする内需が好調なため、ASEAN諸国の中でも高い成長が続いています。しかし、国内に大規模輸出産業がないフィリピンは外貨を主として海外出稼ぎ労働者に頼っています。経済の持続的成長のためにも海外からの直接投資を増やして国内雇用を拡大することが求められています。

⑤駐留米軍撤退による「力の真空」

　フィリピンとアメリカとの関係は、スペイン以上に微妙です。伝統的エリート層は基本的に親米ですが、植民地時代から米軍兵士などと付き合ってきた一般庶民は必ずしもそうではありません。国民の反米感情は、1991年のピナトゥボ火山大噴火によりフィリピン国内の米空軍基地が使用不能になった際、一気に表面化しました。反米色が強かった当時のフィリピン議会上院が、1991年に米軍基地使用協定の更新を拒否するに至り、アメリカは在比米軍基地を返還し、駐留部隊を撤退させました。この同盟国間の「売り言葉に買い言葉」の応酬により、南シナ海での米軍のプレゼンスはなくなり、一種の「力の真空」が生まれたのです。

⑥中国との微妙な関係

　中国はこの「真空」を最大限利用しました。米軍撤退を機に中国は南シナ海島嶼部への領有権主張・南シナ海全域の領海主張を始めましたが、当初ア

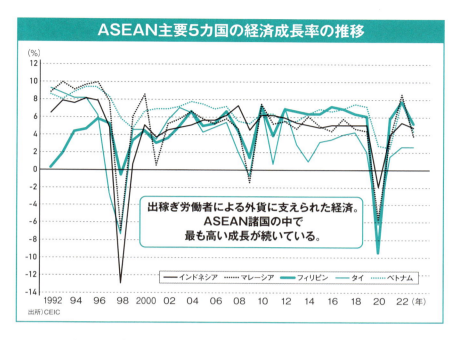

メリカは適切に対応しませんでした。案の定、中国は南シナ海に多くの人工島を建設し軍事利用を始めましたが、最近は漸くフィリピン政府内でも米軍再駐留を望む声が出始めています。フィリピンは南シナ海のスプラトリー諸島の一部を実効支配すると共に、同海域での領有権や領海・排他的経済水域をめぐり、中国、ベトナム、台湾、マレーシアと問題を抱えています。中国側の自己主張が高まる中、最近フィリピンとアメリカは徐々に米軍が使用するフィリピン国内の軍事基地の数を増やしつつあるようです。

宮家の採点

悪魔のささやき
① ○ ドゥテルテ前大統領は中国と戦えば負けると分かっていた
② ○ フィリピン経済の構造は、過去1世紀変わっていない
③ ○ トランプ政権が何をするかは誰にも分からない
④ △ フィリピン社会は以前よりも安定度を増している

天使のさえずり
① ○ フィリピンの伝統的エリート層の壁は想像以上に厚かった
② △ フィリピン政治はスペインとアメリカの産物か
③ △ ドゥテルテ方式ではフィリピンの国益は守れない
④ ○ フィリピンの貧困問題は構造的問題である

インド ▶▶
近い将来、同盟国をもつことはない

　インドとは何か。外務省を辞めて以来、私はこの大きな命題とずっと格闘してきました。あれだけ広大な領土と巨大な人口、多様な民族と異なる文化をもつインドで、なぜ民主主義が定着し、実践されているのでしょう。更に、民主主義の国なのに、なぜウクライナ戦争では対露経済制裁に加わらず、ロシアの石油を買い続けるのでしょうか。

 悪魔のささやき

❶ インドは世界最大の民主主義国であるが、ウクライナを侵略したロシアを非難するどころか、中国と共にロシア原油を買い漁（あさ）る外交姿勢は、西側の普遍的価値とは到底相容れず、信用できない

❷ 人口が増え続けるインドの経済的潜在力は大きいが、過当競争、インフラの未整備、税制・法制面での官僚主義の弊害などにより、対インド投資には疑問符が付く

❸ 亜大陸であるインドは、日米英豪などの海洋国家と戦略的利益が異なるので、今後も西側諸国はインドに過度に依存することは難しい

❹ 目下のインド政府の最大関心事は、国内の民族・宗教問題、特に国内の1億人以上もいるイスラム教徒関連の諸問題であり、当面インドが対外関係に注力できる分野には限界がある

 天使のさえずり

❶ 多くの問題を抱えるインドが民主主義の下で統一し発展すること自体、国際社会にとって利益である

❷ 中長期的に見れば、人口が拡大するインドは世界で最も成長・拡大可能性の高い経済である

❸ QUADは対中軍事同盟ではなく、インドはあくまで**「力強く独立したインド」**を追求する

❹ 問題は地域間格差解消と少数派、特にイスラム教徒との融和であるが、

これには時間がかかる

宮家の解説

① インドとは何か

　インドはそれ自体が一種の「小宇宙」なのかもしれません。北ではヒマラヤとチベットを挟んで中華と対峙し、西は中東からイスラムの脅威を受け、更に東ではミャンマーを含むインドシナと接していますが、今後も人口が増え続ける巨大なインド亜大陸はびくともしません。

　インドは、これら外敵からの脅威以上に、混沌とした亜大陸内部の各地域問題、民族問題、身分制度、インド内の１億人以上とも言われるイスラム教徒の問題など、様々な内からの脅威に直面しています。 このことを理解しない限り、インドの本質には迫れないと思います。

② なぜ民主主義が実践できるのか

　これだけの内部問題を抱えるインドが、なぜ民主主義なのでしょうか。私には今も大きな謎です。民度なのか、国民性なのか、理由は分かりませんが、インドは国内に二つ以上の権力中心が存在することを認め、その不安定

な状況の中でも統治権力が他の権力中心（パワーセンター）を排除しないのです。この点でインドは、中国やアラブ世界とは大きく異なります。

これらの国々では権力者は他の権力中心の存在を決して認めず、それが台頭すれば必ず抹殺します。こんな社会で民主主義が育つはずはありません。**複数のパワーセンターを認めるインドの国内政治は、どこかイランや西欧諸国にも通ずる「国民性」の結果としか言いようがありません。**

③ インド経済のアキレス腱

インドはその巨大な人口が生むハイテク人材と有望な市場を提供する経済大国ですが、同時にその官僚的非効率や複雑な税制、慢性的財政赤字やインフラ未整備、インフレ圧力や経常赤字拡大などが健全なマクロ経済運営を妨げ、外資系製造業がインド進出を躊躇する要因となっています。中国経済に陰りが見えつつある中、インド経済が注目されるだけに、こうした国内の諸問題を改善しておく必要があると思います。

④ インド外交の本質

インド外交の目標を一言で表せば、それは「独立した強力なインドの実現」に尽きるでしょう。インド外交の目的は、独立し、かつ強力なインド―

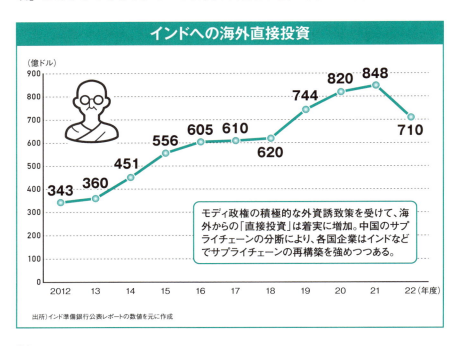

インドへの海外直接投資

モディ政権の積極的な外資誘致策を受けて、海外からの「直接投資」は着実に増加。中国のサプライチェーンの分断により、各国企業はインドなどでサプライチェーンの再構築を強めつつある。

出所）インド準備銀行公表レポートの数値を元に作成

国の最大利益の追求です。中長期的にはともかく、近い将来インドが同盟国をもつことは基本的にないと思います。

⑤ウクライナ戦争とインド

そう考えれば、ウクライナ戦争に対するインドの立場や行動も理解できます。**ウクライナ戦争はインドにとって、インド自身の独立を脅かす要素ではありません。だからこそ、インドは躊躇なく、ウクライナを侵略したロシアから安い原油を購入することができるのです。**

⑥対中関係

インドの対中関係はより複雑です。**ロシアはインドにとって脅威ではありませんが、中国は直接的な脅威となり得ます。**最近、インドが中国との関係を見直し、中国に対しより厳しい態度をとるのは、インドにとって中国とロシアの地政学的な意味合いが微妙に異なるからです。

⑦QUADとは何か

QUADはあくまで日本、アメリカ、オーストラリア、インドの対話の枠組みであり、軍事同盟とはなり得ません。前述の通り、インドに同盟国は不要であり、QUADの真の目的はあくまで「インドをエンゲージする」、すなわち「関与させる」ことに尽きます。より直截に言えば、QUADに期待できることは唯一つ。**中国、ロシアとの関係でインドが「独立した強い国家」であり続け、中露のいずれの側にも付かず、最低限でも中立を維持してもらうことです。**日米が「アジア太平洋」地域を「インド太平洋」と言い換えたのも、全ては「インド関与」のためです。問題は第2期トランプ政権がそのことを理解できないかもしれないことでしょう。

宮家の採点

悪魔のささやき
- ❶× インドにはインドのロジックがあるだけの話
- ❷△ インドの投資環境には問題があるが、改善の余地もある
- ❸○ インドは海洋国家ではなく、あくまで亜大陸である
- ❹○ インド外交は内政と密接な関係がある

天使のさえずり
- ❶○ インドが独裁国家になれば南アジアの安全保障環境は激変する
- ❷○ インド経済の潜在的可能性は世界一である
- ❸○ インド外交の本質は不変である
- ❹○ インドの問題は海外よりも国内の様々な脅威である

アフガニスタン▶▶▶
再び麻薬経済に逆戻りする可能性は十分にある

　2021年8月、カブール国際空港で起きた悲惨な光景を覚えていますか。多くの人々が国外に逃れようと国際空港に押し寄せたため生じた大混乱は、今も多くの人の目に焼き付いて離れないでしょう。世界の注目はウクライナやパレスチナに移ったにもかかわらず、国の内外にいる何百万ものアフガン人は今も人道的支援を必要としています。なぜアフガニスタンでは、かくも長きにわたり紛争が続くのでしょうか。

 悪魔のささやき

❶ 米軍関係者の反対にもかかわらず強行された2021年8月末の米軍撤退は大失敗で、アフガニスタンに生まれた「力の真空」をターリバーンが埋め、テロリストの聖域が再び生まれてしまった

❷ 農業に適さない山岳地帯から成るアフガニスタンの最大の産業はケシの栽培であり、様々な経済開発計画にもかかわらず、アフガニスタンが麻薬依存経済から脱却することは容易ではない

❸ 山岳地帯の多いアフガニスタンは、中央集権による支配が難しい「帝国の墓場」であり、古くはギリシャからペルシャ、イギリス、ソ連、アメリカなど、如何なる大帝国も征服後ここを長く支配することはできない

❹ 現在、パキスタンが支援するターリバーンが厳格なイスラム教統治によりアフガニスタンを支配しており、当面この地域に安定と繁栄が訪れる可能性は低いだろう

 天使のさえずり

❶ 歴史的にアフガニスタンは中央集権政府樹立の難しい地であり、現状が特に深刻という訳ではない

❷ 山岳地帯のアフガニスタンに豊かな穀倉地帯はないので、この地の経済が繁栄する見込みはない

❸ アフガニスタンの各民族は背後にそれぞれ支援国をもつため、アフガニ

スタンの内政は同時に地域外交でもある

❹但し、どの民族も他を圧倒できるほどの力をもたないので、この地は統一されず、群雄割拠が続くだろう

宮家の解説

①アフガニスタンは「国家」なのか

アフガニスタンは、中央アジアと南アジアが交差する山岳地帯にある内陸国です。国境は全て陸上国境で、東と南はパキスタン、西はイラン、北はトルクメニスタン、ウズベキスタン、タジキスタンと接し、北東では中国とも接しています。人口的には典型的な多民族国家で、パシュトゥーン人、ウズベク人、タジク人、ハザラ人などが暮らしていますが、2021年夏以降はターリバーンが政権に復帰し、イスラム法に基づく統治を再開・強化しています。複雑さという点ではパキスタン以上でしょう。

②アフガニスタンの経済は？

アフガニスタンの伝統産業は農業と牧畜であり、人口の6割以上は農民です。一方、天然資源は乏しく、しかも1973年の王政崩壊以降続いた紛争に

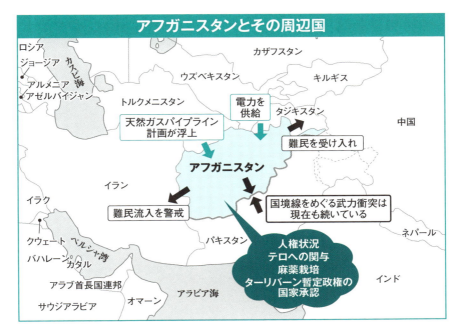

よってアフガニスタン内政は混乱し、インフラ破壊、慢性的旱魃（かんばつ）もあって、同国の国内経済も復興には程遠い状態にあります。

2021年に政権復帰したターリバーンも、国民に十分な食料、衣料、住居、医療を提供できていません。こんな異常な国アフガニスタンが、再びケシの栽培などといった安易な麻薬経済に逆戻りする可能性は十分あるでしょう。

③なぜパキスタンは介入するのか

ターリバーンとは、対ソ連戦から避難してきたアフガニスタンの青年をパキスタンが過激なイスラム思想で組織化し、アフガニスタンに送り返した政治・軍事組織です。

パキスタンにとって最大の敵対国はインドです。そのインドがアフガニスタンで影響力をもてば、軍事的劣勢にあるパキスタンは東西から挟撃されます。だからこそパキスタンはターリバーンを養成してアフガニスタンに送り込み、ウサマ・ビン・ラーディンらアルカーイダを保護したのです。

④ソ連はなぜアフガニスタンで敗退したのか

当時のソ連指導部の「軍事介入は短期間で終結可能」という戦略的判断ミ

アフガニスタンの略史

1838年	第1次アフガン戦争（〜42）。アフガニスタン軍がイギリス軍を全滅
1878年	第2次アフガン戦争（〜81）。アフガニスタン、イギリスに敗北。イギリスの保護国化
1893年	デュアランド・ラインを確定（後の国境線）
1919年	第3次アフガン戦争。イギリスから完全に独立
1979年	ソ連軍による軍事介入（カルマル政権成立）
1986年	カルマル失脚
1989年	ソ連軍が撤退完了
1991年	12月、ソビエト連邦崩壊
1994年	ターリバーンが南部から勢力を伸ばす
1996年	ターリバーンが首都カブールを制圧
2001年	9月、アメリカ同時多発テロ
	10月、米英主導でアルカーイダ及びターリバーンに対する軍事行動
	11月、北部同盟がカブールを制圧
	12月、ターリバーン政権崩壊
2011年	ビン・ラーディンがアメリカ軍によって殺害
2020年	2月、トランプ大統領がアフガニスタン駐留米軍の撤退をターリバーンと合意
2021年	8月、ターリバーンが首都カブールに侵攻し、勝利宣言
	米軍が完全撤退を発表

ターリバーンがアフガニスタン制圧／記者会見するターリバーンのザビフラ・ムジャヒド報道官（2021年8月）

出所）外務省、公安調査庁、共同通信社などを参考に作成

スが理由です。**当時はイランでイスラム革命が成功し、イスラム主義が隣国にも波及すれば、悪影響はソ連国内にも及ぶと考えたのでしょう。この判断ミスにより、戦争は長期化し、結果的にソ連の解体も早まりました。**

当時のソ連は、アフガニスタンの山岳地帯に住むイスラム主義者たちと彼らを支援したアメリカなどの力を過小評価したのでしょう。ソ連は国際的非難を浴びただけでなく、現地で激しい軍事的抵抗を受け、手詰まりとなり、兵士にも厭戦(えんせん)気分が広がって、結局は自ら墓穴を掘ったのです。

⑤ 米軍はなぜ中東から撤退したのか

米軍は中東から撤退などしていません。アメリカは湾岸地域へのイランの脅威を抑止するため、バハレーンに第5艦隊、非公表ながらカタルには巨大な米空軍基地を置き、米陸軍部隊も地域に駐留を続けています。米軍が撤退したのは、アフガニスタンのように、今後何年戦っても戦争に勝利できない地域からだけです。

⑥ なぜアフガニスタン軍はターリバーンと戦わなかったのか

アフガニスタンでの最も効果的な戦い方は「敵を買収する」ことです。ターリバーンの戦い方も基本的にこれと同じで、腐敗し人心が離れていった政府勢力に対し、軍事力の行使と金銭による買収を組み合わせ、戦闘を有利にしていく戦術が成功したのだと思います。

⑦ ターリバーンはテロ組織と絶縁したのか

絶縁できるとは思いません。およそ中東では「敵の敵は味方」であって、利用できる勢力はテロリストであっても利用するのが常だからです。

宮家の採点

悪魔のささやき
- ❶ △ 米軍の撤退方法には問題があったが、撤退自体は戦略的に正しい
- ❷ ○ ケシの栽培が廃絶される可能性はないだろう
- ❸ ○ ペルシャ、イギリス、ソ連が失敗したのにアメリカが成功するはずがない
- ❹ ○ 王政崩壊後のアフガニスタンは構造的に不安定である

天使のさえずり
- ❶ × この地が再びテロリストの聖域となることは時間の問題
- ❷ ○ アフガニスタン経済が繁栄する見込みはない
- ❸ ○ これも陸上国境しかない内陸国の宿命である
- ❹ ○ アフガニスタンは当面統一せず、群雄割拠が続く

イラン ▶▶▶
サダム・フセインの判断ミスが湾岸地域の混乱を招いた

　イランと言えば、多くの日本人はシルクロードの昔を思い出すでしょう。正倉院の宝物「白瑠璃碗」はペルシャ伝来なのですから。でも、私なら1979年のイラン・イスラム革命を思い出します。あれから45年以上の歳月が流れ、今イランでは何が起き、どこへ向かおうとしているのでしょうか。中東湾岸地域の安定を語る上で、イランは無視できない要素です。

 悪魔のささやき

❶ 世界で最も反米の政府と、最も親米の国民から成るイランは、シーア派（ペルシャ系）イスラム法学者（僧侶ではない）が事実上政治権力を独占する政教一致の国家であり、内政は本質的に不安定である

❷ 豊富な石油資源などもあり経済的には豊かなはずだが、その国富は革命防衛隊を中心とする宗教勢力に事実上支配されており、一般国民は必ずしも十分裨益していない

❸ 政権の唯一の目的はイスラム共和制の維持であり、体制生き残りのため、少なくとも短期間で核兵器を製造し核武装が可能になる程度の核技術レベルを、取得・維持することを目指している

❹ 内政上の最大懸念は、インターネット情報が豊富でイスラム法規の厳格適用に反発する1979年のイスラム革命を知らない若い世代、特に女性の不満であり、イラン社会の不安定化は必至である

 天使のさえずり

❶ イラン・イラク戦争により離陸し、生き延びたイラン・イスラム共和制は意外に強固であり、簡単には崩壊しない

❷ 各種制裁にもかかわらず、原油の豊富なイラン経済は、非効率な宗教統治下でも容易には失速しない

❸ シリア政変でイランの中東各地への軍事的影響力に陰りが見られるが、国際的孤立は何とか回避している

❹ 宗教統治に対する反発は以前から根強いが、イラン一般民衆に今の宗教独裁統治を打ち破る力はない

宮家の解説

① ペルシャ帝国の末裔

イランは地域の大国で、北西はアルメニアとアゼルバイジャン、北がカスピ海、北東はトルクメニスタン、東にアフガニスタンとパキスタン、西はトルコ、イラクと接し、南には狭い湾があります。昔はクウェート、バハレーン、オマーンなど湾岸アラブ地域を支配したこともありました。

歴史的には、前6世紀のアケメネス朝、3世紀のササン朝、イスラム化した後も、16世紀のサファビー朝、18世紀のカジャール朝が栄えました。20世紀のパーレビ朝は1979年の革命で倒れ、政教一致のイスラム共和国となりましたが、中東でのイランの影響力は変わりません。

② イスラム共和国はなぜ続くのか

イスラム革命自体は、イラン最後の皇帝パーレビが強権により進めた世俗主義政策に宗教勢力が強く反発したことが原因です。しかし、**最近、反スカ**

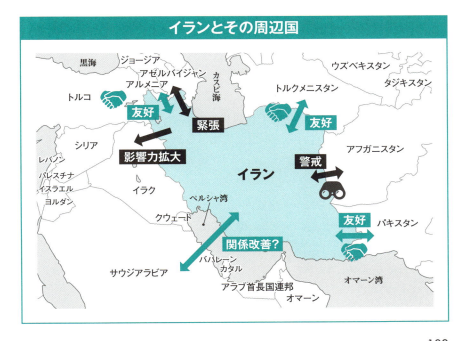

イランとその周辺国

ーフ運動が起きたように、**パーレビ時代に世俗主義を謳歌した経験をもつ国民は必ずしも厳格なイスラム法に基づく統治を歓迎していない**と思います。

1979年のイスラム革命による新体制が続いた最大の原因は、1980年にイラクのフセイン大統領が革命下のイランを攻撃したからであり、**フセインの判断ミスが、現在の混乱を招いたのです。**

③ イラン・イラク戦争は宗教戦争か

イスラム教スンニー派のイラクがシーア派のイランを攻撃したという俗説がありますが、これは間違いです。確かに、イラクのフセイン大統領はスンニー派イスラム教徒ですが、当時のイラクはアラブ社会主義の独裁国家でした。少なくとも宗教的理由から戦争を仕掛けたとは到底思えません。

イラン・イラク戦争は、イスラム革命で混乱するイラン（ペルシャ）を叩いてイラク（メソポタミア）の優位を確立したかった、フセイン大統領の野望の結果です。これに限らず、**中東の戦争の殆どは宗派対立よりも、国家間の地域覇権や経済利益の分配をめぐる政治的対立が原因です。**

④ なぜイスラエルを敵視するのか

イランのイスラム共和制指導者は、「エルサレムはイスラム教の聖地であり、この地を支配するユダヤ教国家イスラエルはパレスチナ人を抑圧する悪魔」と考えています。この反イスラエル・反米姿勢は、多くのイラン人にイスラム共和制の正統性を受け入れさせる手段でもありました。

他方、イスラエルから見れば、自国を地球上から抹殺すると公言するイランに脅威を覚えるのは当然です。また、**最近、湾岸アラブ諸国の一部が、「アブラハム合意」などを通じてイスラエルとの関係改善を進めているのも、同じくイランの潜在的脅威を懸念しているからでしょう。**

⑤ なぜアメリカは湾岸に駐留するのか

アメリカはイランのイスラム共和制の危険性、特に、湾岸アラブ諸国やイスラエルへの脅威を1980年代当初から懸念し、1980年代末までに湾岸地域での軍事作戦を実行する米中央軍の前方展開の準備を始めていました。中央軍がなければ、アメリカは1991年の湾岸戦争を戦えなかったでしょう。イランの脅威が低減しない限り、湾岸地域での米軍駐留は続くと思います。

⑥ なぜトランプはイラン核合意を破棄したのか

2015年のイラン核合意は、一定期間後にイランの核開発活動に対する制

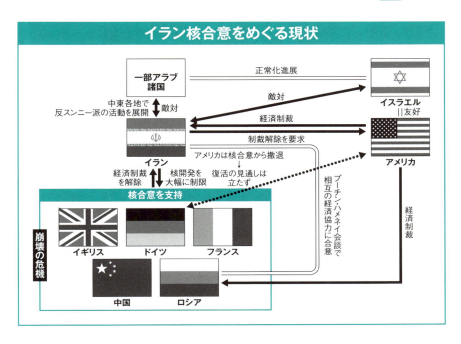

限を事実上撤廃する、という根本的欠陥を抱えていました。トランプ政権は民主党政権が結んだイラン核合意を修正したかったのでしょう。

核合意の内容が不十分だったことは事実ですが、あれは対イラン交渉の限界でした。トランプ政権は合意破棄後の代案を提示できず、その後核合意復活を目指したバイデン政権の努力も失敗しました。第2期トランプ政権ができた今、イラン核合意が復活する可能性は低いでしょう。

宮家の採点

悪魔のささやき
- ❶ ○ 世俗主義を知る国民と宗教で統治する政府のギャップは大きい
- ❷ ○ イスラム共和制の下で最も潤っているのは宗教勢力である
- ❸ ○ イランが核開発能力の維持向上を断念することはない
- ❹ ○ 宗教的にイラン国民を統治することには限界がある

天使のさえずり
- ❶ △ 独裁制は強固であるが、一旦崩れれば脆い
- ❷ ○ 各種制裁にもかかわらず、イランの地下経済は強固である
- ❸ △ シリア政変によりイランの影響力は大幅に減少した
- ❹ ○ 民衆の力だけでは独裁的宗教統治に対抗できない

トルコ ▶▶▶
NATOには加盟できてもEUには入れない宿命

　中東では、トルコほど親日的な国家は他にないと思います。1890年に当時のオスマン帝国の軍艦が和歌山県沖で遭難して500人以上の犠牲者が出た際、日本側は住民総出で救助と介抱を行い、69人のトルコ人が生還しました。それ以来、日本とトルコの伝統的友好関係は続いています。そのオスマン帝国の後継国家トルコが、今やヨーロッパと中東の狭間で彷徨っています。

 悪魔のささやき

❶ **NATO**に加盟できても**EU**には入れないトルコは、「**頭はヨーロッパながら、体は中東イスラム**」というユニークな国家であり、今後もトルコのアイデンティティクライシス（自己喪失）が解消されることはないだろう

❷ **エルドアン政権**のイスラム化政策もあり、元々経済基盤が脆弱なトルコ経済は、インフレ高進の下で利下げを断行するなど迷走を続けており、不透明感は今後も解消されそうにない

❸ 袋小路のトルコ外交はエルドアン長期政権の下、欧米諸国との関係を維持しつつ、ロシアや中国との関係緊密化も図り、同時に中東・中央アジアでのトルコの影響力拡大を図っている

❹ エルドアン大統領は2023年の大統領選・議会選に勝利したものの、国内ではクルド系少数派や反対勢力への人権弾圧などの問題を抱えており、今後もトルコ内政は不安定が続くだろう

 天使のさえずり

❶ イランと同様、トルコは地域大国であり、**EU加盟が不可能**な今、中東や中央アジアでの影響力拡大を画策している

❷ ヨーロッパ、中東の大市場を跨ぐトルコ経済の潜在力は高く、エルドアン政権の下で再飛躍の可能性あり

❸ 軍事的にはNATOに属しつつ、強かにロシアや中国とも関係を維持するトルコ外交は侮れない

106

❹国内最大の不安定要因はクルド問題であり、トルコはシリアやイラクでの内政干渉を続けるだろう

 宮家の解説

① オスマン帝国とトルコ

現在のトルコは、西アジアのアナトリア半島と東欧バルカン半島東南端の一部を領有する共和制国家です。その歴史は長く、特に11世紀のセルジューク朝に続き、15世紀にビザンツ帝国を滅ぼしたオスマン朝は、イスタンブールを都に、東はアゼルバイジャンから西はモロッコまで、北はウクライナから南はイエメンまでを支配する大帝国となりました。

その後、領地内の各地でナショナリズムが勃興し、帝国は衰退しましたが、その後継国家であるトルコは今も地域大国で、北は黒海とマルマラ海、西と南は地中海に面し、西はブルガリア、ギリシャ、東はジョージア、アルメニア、アゼルバイジャン、イラン、南はイラク、シリアと陸上国境で接しています。

② トルコはヨーロッパか

トルコ人は自分たちをヨーロッパ人だと信じていますが、トルコの悲劇はヨーロッパ人が必ずしもそう思っていないことです。決定的な違いは宗教で、誰も公式には認めませんが、EUはカトリック、プロテスタント、東方正教という違いはあっても、基本的にはキリスト教圏だからです。

では、**なぜトルコはNATO加盟国なのか。それは、当時、東西冷戦による緊張の高まりから、ソ連（ロシア）の南方で何度もロシアと戦いを繰り返してきたオスマン帝国（トルコ）の戦略的重要性が認識されたからです。**

③ なぜロシア製兵器を買うのか

トルコの立場に微妙な変化が生じたのは、ソ連崩壊後です。ヨーロッパの冷戦勝利に大いに貢献したと自負するトルコはEU加盟交渉を加速しますが、ヨーロッパ・キリスト教諸国はどうしてもトルコを受け入れません。その頃からトルコ国内ではトルコ独自の利益確保、イスラムの伝統、地域大国としての矜持を重視する勢力が政治の表舞台に登場しました。その典型例がエルドアン大統領だと思います。

トルコはNATOと決別する気などありません。ヨーロッパがトルコを受け入れないなら中東と中央アジアがあるとばかり、エルドアン大統領はヨーロ

トルコがロシア製S-400を導入するまでの時系列

2002年	トルコ、F-35戦闘機計画に参加
2003年	エルドアン政権発足
2009年	防空システム選定作業本格化
2011年	シリア内戦勃発
2011年	F-35ソースコード開示拒否に不満
2012年	F-35 正式発注
2013年	中国製HQ-9防空システムの決定
2015年	HQ-9撤回（米欧の圧力）
2015年	領空侵犯ロシア機撃墜、関係悪化
2016年	領空侵犯機撃墜事件でロシアに謝罪
2016年	トルコ軍事クーデター未遂事件
2016年	トルコ、シリア侵攻作戦開始
2017年	ロシア製S-400防空システムの決定
2019年	S-400納入によりF-35引き渡し拒否

出所）JSF（「Yahoo!ニュース」2019年7月13日）

エルドアン大統領

ッパ以外の地域との関係改善、影響力強化を進めると共に、**ロシアや中国とも関係を強化して、バランスを取ろうとしています。**ウクライナ戦争仲介努力やロシア製防空システム購入なども、その一環でしょう。

④ クルド人問題

　トルコ内政上の最重要課題は、国内のクルド問題です。トルコからの分離独立を標榜（ひょうぼう）し、武装闘争も辞さないPKK（クルド労働者党）を歴代政権は厳しく弾圧してきました。しかし、近年、PKKは独立ではなく、クルド文化と言語を保護すべく自治権獲得を目指すようになっています。

　シリア・イラク山岳地帯に拠点をもつPKKは、トルコ南東部や地中海、エーゲ海の観光地だけでなく、西部・イスタンブール、首都アンカラなどの都市部でテロを実行してきました。**2024年12月のシリア政変により、トルコはシリア国内への軍事介入を一層強めるでしょう**が、欧米諸国にはPKKの取り締まりについて人権侵害を問題視する動きもあり、トルコと欧米の緊張は続いています。

⑤ ウクライナからの穀物輸出でなぜ仲介役になるのか

　ウクライナは黒海の対岸に位置するトルコにとって、安全保障上の重要な

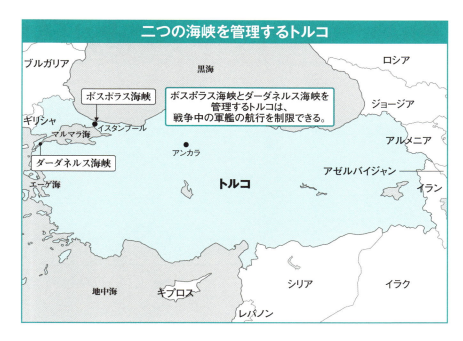

問題です。**トルコは黒海の出口であるボスポラス海峡を管理しており、そうした地政学上の優位を背景に、ロシアとの対話の可能性を追求しつつ、この地域におけるトルコの影響力の維持・拡大を考えているのでしょう。**

こうしたエルドアン政権の強かな「バランス外交」がどの程度功を奏しているかは将来の歴史家が判断するでしょうが、今のトルコには、オスマン朝の遺産を背景に、ヨーロッパとも、ロシアとも、中東とも、中央アジア、中国とも付き合っていかざるを得ない宿命があると思います。

宮家の採点

悪魔のささやき
- ❶ ◯ この種のクライシスはロシアや日本にも見られる共通現象である
- ❷ ◯ トルコはG20の一員だが、最近は経済が伸び悩んでいる
- ❸ ◯ エルドアンには他の選択肢がないのだろう
- ❹ ◯ エルドアン長期政権が続けばトルコの苦境も続く可能性がある

天使のさえずり
- ❶ △ 中東や中央アジアでの影響力拡大には限界がある
- ❷ △ イスラム的統治を導入するほど経済成長にはマイナスかもしれない
- ❸ △ 安全保障面でのトルコの綱渡りは続くだろう
- ❹ ◯ クルド地域の分離独立阻止はエルドアン政権の最重要課題である

イラク ▶▶▶
欧米とイランの代理戦争の場となりつつある

　イラクは私が外務省時代に二度赴任したことのある懐かしい国ですが、不幸にも、そのいずれの時期も、イラクは戦争の真っ最中でした。一度目はイラン・イラク戦争、二度目はイラク戦争で、どちらも外務省の同僚の死を経験した悲しい場所です。なぜイラクではこんなに戦争が多いのか。このエネルギー資源が豊富で肥沃な大地に住むイラク人が、なぜ苦しみ続けるのでしょうか。その理由を考えてみます。

 悪魔のささやき

❶ **フセイン政権**を崩壊させたアメリカの**イラク戦争**は、イラクの伝統的な政治的安定を破壊し、中東湾岸地域でのイランの影響力を増大させたという点で、**歴史的な大失敗**だった

❷ 多数派のシーア派アラブと少数派のスンニー派アラブ・クルドが三つ巴で共存するイラク社会は、スンニー派アラブの独裁政権崩壊後、今も各派間の新たな政治的均衡を達成できずにいる

❸ 世界有数の原油埋蔵量をもちながら、安定した中央政府を欠くイラク経済は、慢性的な社会的混乱もあり、長期計画に基づく国内経済の再建が進んでいない

❹ イラク戦争後のイラクは、全方位善隣友好を基本に、アメリカとの協力関係を維持しつつ、国内シーア派への影響力を強めるイランとの関係にも配慮するという事実上不可能に近い外交を展開している

 天使のさえずり

❶ スンニー派アラブ、シーア派アラブとクルドという多様なメソポタミアを統治してきたのは、常に独裁制である

❷ その独裁体制を支えたのはイラクの膨大な原油埋蔵量であり、イラクは本来豊かな国家のはずである

❸ フセイン時代は対イラン戦争により、また、イラク戦争後は逆にイラン

から内政干渉を受け、イラクでは政治的混乱が続く
❹ 現行憲法が民主的過ぎて強力な中央政府ができず、イラクがイラク人を統治できないでいることは歴史の皮肉である

宮家の解説

① メソポタミアは実は脆弱な土地

世界史で学ぶ**メソポタミア**は強大な帝国がその栄華を競う場所でしたが、近代以降のイラクでは必ずしも強力な国家が育ちませんでした。その理由はイラク・メソポタミアの平坦な地形にあります。3000年前の昔から、「自然の要塞」がないメソポタミアの地は東西南北からの脅威に晒されてきました。

北は**トルコ**、**オスマン朝**です。アナトリアの台地はメソポタミアの平地に対し地政学的に有利です。同様にイラン台地からメソポタミアに攻め下るのも容易だったと思います。メソポタミアがオスマン帝国に数百年、ペルシャ帝国に1000年以上支配されたのは、決して偶然ではありません。

南にはベドウィンがいます。アラビア半島からチグリス・ユーフラテス川流域に攻め入るのも容易です。最後は西のギリシャ・ローマ帝国です。アレ

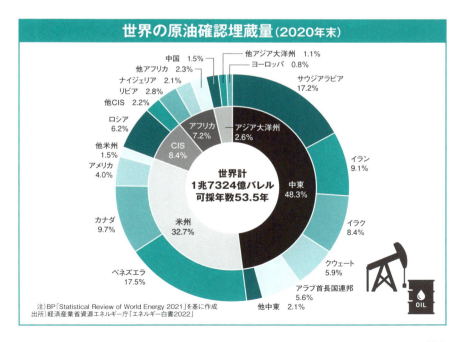

111

キサンダー大王は、イラクを通りインドを攻めた後にバビロンで客死します。**イラクは昔から諸帝国の侵略と殺戮（さつりく）の十字路でした。かくも地政学的に脆弱な大地に住む人々が単一民族のはずはありません。国内に様々な民族を抱えるメソポタミアは常に豊かながら、同時に不安定な土地でした。**このような地政学的環境はイラクの内政と統治手法に悲劇的な特徴を与えます。

② 国内はモザイク社会

　イラクは大きく分けても三つの社会集団から成ります。人口的多数派は南部を中心に住むシーア派アラブであり、同じアラブでも少数派のスンニー派アラブは中部から西部に住んでいます。更に、同じスンニー派ながら、北部には文化・言語の異なるクルドが定住しています。

　これら三つの集団も、実は宗派、部族、地縁・血縁などにより、更に多くの小グループに分かれます。**昔から様々な帝国や集団がメソポタミアを通過しては定住し、殺し合い、敗走を繰り返してきました。この地は中東世界でよく言われる「モザイク社会」の典型なのです。**

③ イラクには独裁者が必要？

　このような多種多様な民族を抱える土地は独裁者しか統治できません。民

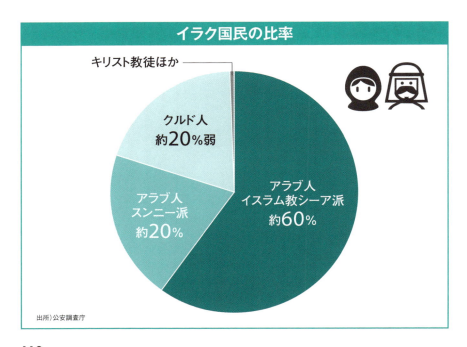

出所）公安調査庁

112

主的な制度を導入した途端に、人々は相容れない自己主張を始め、統治は不安定化し収拾がつかなくなるからです。古代からメソポタミアでは各民族や個人の自由よりも、地域全体の安定が重視されました。

フセイン大統領の独裁政権は実に非道でしたが、イラク戦争後にフセイン体制を打倒し、民主的憲法を導入した途端、三つの社会集団の間で修復不能なほどの政治的矛盾が噴出したのは、正に歴史の皮肉です。

以前ならフセイン大統領の鶴の一声で決まった政治的決定を、民主的な意思決定を経験したことのない人々が、民主憲法に従って決めようとするのですから、混乱が生じるのも当然です。**新憲法施行は2005年でしたから、もう20年間もイラクの内政は正常に機能していないのですから。**

④ イラク統治はアメリカの誤算

フセイン打倒は正しかったと思いますが、アメリカはその後のイラク統治に失敗しました。私自身、戦後のイラク占領当局に出向していましたが、人の好いアメリカ人は亡命イラク人の甘言に騙されたのでしょう。しかし、今後米軍がイラクから撤退すれば、状況は一層悪化するだけです。これに対し、イランはイラクを含む中東地域全域から米軍を撤退させようと狙っています。**その意味で今のイラクは中東湾岸地域の安定を望む欧米諸国と、地域全域からの米軍撤退を求めるイランの代理戦争の場となっています。**

⑤ 戦後イラク内政の課題

今の混乱が続けば、最悪の場合、**イラクはいずれ何らかの独裁政治に戻っていく可能性があります。**今後ともこれを避けること自体がイラク内政の最重要目標となるでしょう。

宮家の採点

悪魔のささやき
- ❶ △ フセイン打倒は正しかったが、その後のイラク統治は大失敗だった
- ❷ ○ 話し合いによる政治的妥協の仕方を知らない人々である
- ❸ ○ 実に勿体ない話である
- ❹ △ 今のイラクには米軍撤退を求める勢力もある

天使のさえずり
- ❶ ○ 但し、独裁に戻れという意味ではない
- ❷ △ 他のアラブ諸国で民主主義を実践している国は一つもない
- ❸ △ イラクのシーア派はイランの恐ろしさを知らない
- ❹ ○ 自己統治能力の欠如が著しい

シリア ▶▶▶
半世紀続いたアラブ社会主義世俗政権の崩壊

シリアのダマスカスと言えば、古代から文明の十字路として大いに栄えた町。視力を失ったサウロはこの町で、イエスの弟子により視力を回復した後、使徒パウロとして熱心な宣教者になりましたが、今この国は新たな中東激震の震源地となりつつあります。

 悪魔のささやき

❶ シリアは、2011年の「アラブの春」以降、君主制国家を除けば、近代中東世界で唯一、政治権力の父子継承を果たした国家だったが、2024年の政変以降のシリア内政は一層混乱する

❷ シリア経済は、内戦による疲弊、通貨の暴落、レバノンの混乱、コロナ禍、ウクライナ戦争、ガザ戦争、内戦の拡大、アサド政権崩壊などで悪化の一途にあり、当面、国内経済の再建は難しい

❸ シリアには各種国際テロ組織や、米軍、ロシア軍に加え、イランの革命防衛隊、クルド問題を懸念するトルコ軍など諸外国の軍隊が介入してきたが、アサド政権崩壊により今後も不安定は続く

❹ アサド政権はイスラム少数派のアラウィー派ながら、アラブ社会主義政権を維持していたが、国内には多数派のスンニー派アラブ人、北部クルド人など様々な勢力が混在しており、今後も内政が安定する見込みはない

 天使のさえずり

❶ イランとロシアにとりアサド政権は、アメリカ、イスラエルやスンニー派アラブを牽制できる不可欠の存在だった

❷ アサド政権崩壊により今後各勢力間の権力闘争が一層激化することは不可避であり、シリア経済も崩壊しつつある

❸ 政変後のシリアにはイラン、ロシア、アメリカ、イスラエル、トルコなどが直接間接に介入し、権力闘争は終わらない

❹ 喫緊の課題は700万人とも言われる難民の存在であり、国際社会の支援が

必要である

 宮家の解説

①シリアは西と東の分岐点

　シリアは北にトルコ、南はヨルダン、東がイラク、西にレバノン、南西にイスラエルと国境を接し、西は東地中海ですから、古くから交通や文化の要衝として栄えました。

　イラクと異なりあまりエネルギー資源がないため、シリアは軍事的にイスラエルの敵ではなく、実際に、1990年代の中東和平プロセスでシリアはイスラエルとの平和条約交渉を秘密裏に進めていました。

　でも、シリアは平和条約調印に踏み切りませんでした。**パレスチナ**とイスラエルの交渉が進まない中、シリアだけがイスラエルと講和する訳にはいかなかったからです。そうこうしている内に和平プロセスは頓挫しました。シリアがイスラエルと講和するチャンスは当面めぐってこないでしょう。

②アラブの文化的中心だったレバノンとシリア

　崩壊したシリアの政権党はアラブ社会主義バアス（復興）党でした。シリ

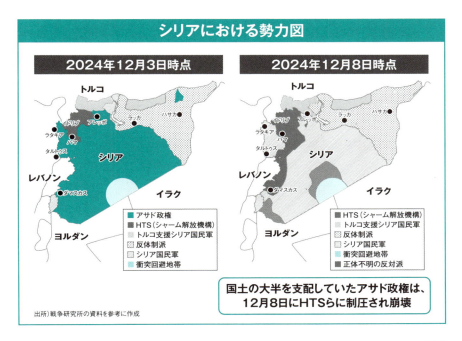

出所）戦争研究所の資料を参考に作成

アの政治運動がイスラム主義ではなく、社会主義だったのは、第2次世界大戦直後のアラブ圏では、キリスト教徒アラブ知識人が指導的役割を果たしていたレバノンとシリアが最先進地域だったためです。

彼らの採用したイデオロギーが、今流行の「イスラム主義」ではなく、キリスト教徒も参加できる「社会主義」だったことは偶然ではありません。今やアラブ世界にアラブ社会主義政権はなくなり、主流はイスラム主義となりました。その意味でも、シリアのアサド政権崩壊は歴史的意義があると思います。

③アサド政権はなぜ脆くも崩壊したのか

2010年12月、チュニジアで始まった「アラブの春」は、2011年にシリアにも波及しました。その混乱には、アサド政権側政府軍や国内反体制組織だけでなく、イラン、イスラエル、トルコ、ロシア、アメリカなどの外国勢力も相次いで介入したため、内戦状態は10年以上続きました。その過程でイスラム過激勢力が台頭しアサド政権は遂に崩壊しましたが、その最大の理由は、**アサド独裁体制からシリアの人心が離れつつあったことに加え、それまで劣勢だったアサド政権を強力に支援し政権崩壊を阻止してきたロシアとイランが、今回相次いで、アサド大統領を事実上「見限った」ためだ**と思います。

ロシアがアサド政権を守る理由は、シリアが中東で唯一、ロシアの軍事基地、特に地中海沿岸の海軍基地を受け入れている国だからです。逆に言えば、アサド政権崩壊により、ロシアは中東における軍事的橋頭堡を失う恐れがあります。ロシアは軍事基地維持のためならシリアの次期政権に如何なる支援も惜しまないでしょう。

イランのアサド政権支援はロシア以上です。敵対するイスラエル、アメリカなどからの脅威を減殺するため、イランはガザ、レバノン、イエメン、イラク、一部の湾岸アラブ諸国などで様々な軍事・工作活動を続けてきました。中でもシリアは最も重要な拠点となっていたのです。

④シリアでの最終的勝者は誰か

現在もシリアでは各勢力間で泥沼の権力闘争が続いていますが、介入する各国・勢力はシリア政変に乗じて自らの利益を最大化しようとする輩ばかりです。そのような環境でシリアに穏健な民主主義体制が生まれるとは到底思えません。更に、トルコの動きも問題を複雑化させています。シリア北東部にはイラクのクルド人から支援を受けたPKKという「テロ組織」の拠点が

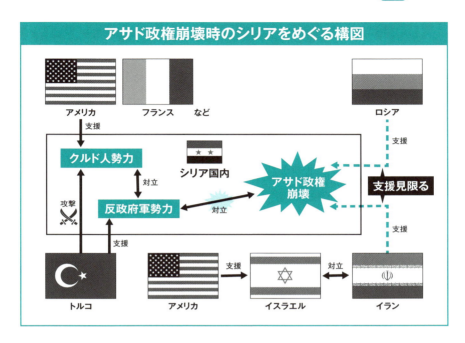

あり、**トルコはシリア内戦に乗じて、PKKの動きを封じるための軍事介入を公然と行ってきました**。間違いなくトルコはアサド政権崩壊後の「力の真空」を軍事力で埋めようとするでしょう。もちろん、これ以外にも米軍、イスラム国の残党などがポスト・アサドの権力闘争に参戦しています。シリアは今や、アサド政権崩壊後の中東での覇権争いという国際的軍事競争の場になっています。一日も早く、シリアに安寧と平和が訪れることを願うばかりですね。

宮家の採点

悪魔のささやき
- ❶ ○ 独裁政権よりも「力の真空」による混乱の方が危険
- ❷ ○ シリア経済は既に崩壊しつつある
- ❸ ○ ポスト・アサドのシリア内戦は当分続くだろう
- ❹ ○ イランとロシアがアサド政権を見限ったツケは大きい

天使のさえずり
- ❶ ○ アサド政権はイランとロシアの傀儡（かいらい）だった
- ❷ ○ シリアの地下経済を支配する者が内戦に勝つ
- ❸ ○ 統一政府成立は当面見込めない
- ❹ ○ 難民支援は喫緊の課題である

イスラエル ▶▶▶
「ユダヤ陰謀論」なるものは根拠がない

　イスラエルほど世界で誤解されている国を他に知りません。ユダヤ教という独特の宗教を信じる人々が、ホロコーストという歴史的悲劇を経て、長年の流浪生活に終止符を打つべく、聖書に書かれた「約束の地」に新しい国家を作りました。しかし、それは結果的に、その地に住んでいたパレスチナ人を事実上排除する形でしか実現しませんでした。

 悪魔のささやき

❶ 反ユダヤ主義、ホロコースト、独立戦争を経て建国したイスラエルは、アラブ諸国と四度も大戦争をし、最近は占領地のパレスチナ人を弾圧するユダヤ至上主義を実践するなど、中東の混乱要因の一つである

❷ 人口約990万人ながら、農業、灌漑（かんがい）、ハイテク、各種ベンチャー事業などで最先端の技術力をもつイスラエルは、軍事的にも強大で、近隣アラブ諸国は到底太刀打ちできない

❸ 伝統的にアメリカとは特別な関係を維持し、エジプト、ヨルダンと平和条約を結んだが、最近ではオマーン、アラブ首長国連邦、バハレーン、スーダン、モロッコとの公式接触や国交正常化が実現している

❹ 1993年のオスロ合意にもかかわらず、イスラエル政治の右傾化により**パレスチナ自治政府**との交渉は進まず、2023年10月、ガザでは対ハマース戦争も勃発し、パレスチナ独立国家の樹立は事実上不可能になりつつある

 天使のさえずり

❶ イスラエルの内政は1990年代後半以降、**ネタニヤフ首相**と反対勢力との対立構造が30年近くも続いている

❷ ネタニヤフの強硬姿勢とパレスチナ側の内部分裂により、アメリカ主導の和平プロセスは頓挫している

❸ イスラエルは一部湾岸アラブ諸国などと関係正常化を進め、パレスチナ問題進展の見通しはない

❹ 喫緊の課題は、国外パレスチナ難民と国内、特にガザのパレスチナ人に対する人道的支援の必要性である

宮家の解説

① 古代イスラエルとの連続性

イスラエルは古くて新しい国です。国際法上の建国は1948年ですが、鉄器時代にはイスラエル、ユダ両王国が存在しました。その後、カナンの地（パレスチナ）はバビロニア、ペルシャなどに征服されましたが、第1次世界大戦後にオスマン帝国から割譲され、イギリスの委任統治領となります。

地理的には、西側は地中海で、北はレバノン、北東はシリア、東はヨルダン、東と南西はパレスチナ自治区となっているヨルダン川西岸地区とガザ地区で、エジプトとも国境を接しています。またユダヤ教徒にとって、この地は聖書に描かれた聖なる特別の土地でもあります。

② イギリスの「三枚舌外交」の結末

歴史を振り返れば、現在の**パレスチナ問題**の根源は矛盾した**イギリス外交**にあります。20世紀初頭に**オスマン帝国**と対峙していたイギリスは、アラ

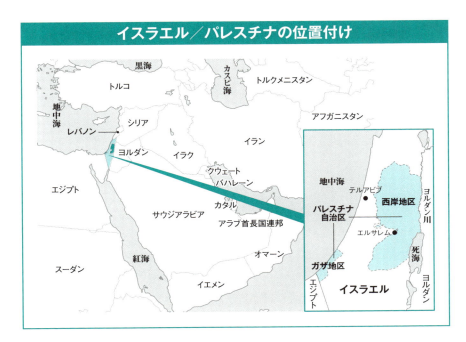

イスラエル／パレスチナの位置付け

ブ人とユダヤ人に対し、前者にはアラブの独立国家を、後者にはユダヤのナショナルホームを認めるという、相矛盾する約束を結びました。

前者が1915年の**フセイン・マクマホン協定**、後者が1917年の**バルフォア宣言**と呼ばれるものですが、最終的にパレスチナを含む「レバント地域」を英仏露で分割、パレスチナはイギリス委任統治領となり、肝心のアラブ王国も実現しませんでした。これを私は、イギリスの「三枚舌外交」と呼びます。

もちろん、イギリスは最初から騙す気などなかったでしょう。しかし、マッカの太守フセインがサウード家に放逐されたため、フセインの息子たちをヨルダン、シリア、イラクの国王にすることでアラブ側と辻褄を合わせる一方、ユダヤに対してもホームランド（故郷）建設の約束を履行しなかったことは大問題でした。

③ イスラエル不敗神話

当然、この矛盾は第2次世界大戦後に噴出します。国連はパレスチナ分割決議で事態を収拾しようとしますが、1948年にイスラエルは建国を宣言、直後に**第１次中東戦争**が勃発します。その後も1956年のスエズ動乱を経て、1967年の**第３次中東戦争**でイスラエルはアラブ側に圧勝します。

しかし、1973年の**第４次中東戦争**ではエジプトが奇襲に成功し、イスラエルの不敗神話は崩れます。その後、エジプトのサダト大統領はイスラエルを訪問し、中東和平プロセスが動き始めました。1978年にはキャンプデービッド合意、1993年にはオスロ合意がそれぞれ成立し、エジプトに続いてヨルダンもイスラエルと平和条約を結びますが、肝心のパレスチナ側は妥協を拒み、内部分裂に至って、結局、和平プロセスは頓挫します。

④ ユダヤ陰謀説を排す

イスラエルについて私が心を痛めるのは、いわゆる「**ユダヤ陰謀論**」が今も信じられていることです。ユダヤ人は陰謀どころか、欧米における醜い人種・宗教差別の対象でした。イスラム教だけでなく、一部欧米キリスト教社会に残るこの種の俗論は根拠のないものが殆どです。

⑤ スタートアップ国家

イスラエルと言えば、今やハイテクの**スタートアップ（起業）国家**です。地中海沿岸の都市ハイファには世界有数の最先端技術企業や研究者が集まっています。最近は日本企業もイスラエルとの協力を進めています。

第3章 各国・地域編

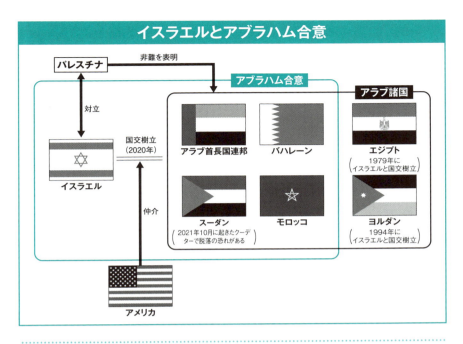

⑥ アブラハム合意の本質

　第1期トランプ政権の数少ない功績の一つが、イスラエルとアラブ首長国連邦など一部アラブ諸国が国交正常化で合意した**アブラハム合意**です。**この合意は、イランからの脅威に直面する湾岸アラブ諸国などが、パレスチナ問題解決よりも、対イスラエル関係改善を優先した結果です。**2023年10月のハマースによる対イスラエル奇襲攻撃で、中東和平プロセスが再活性化される可能性は更に遠のいたと思います。

宮家の採点	悪魔のささやき	❶ △ イスラエルもイスラエルだが、パレスチナ側にも問題がある
		❷ ○ そうでなければイスラエルはとっくに滅んでいただろう
		❸ ○ 今、中東では地殻変動が起きている
		❹ △ 不可能とは言わないが、より困難になりつつある
	天使のさえずり	❶ ○ イスラエル内政の保守化が止まらない
		❷ ○ ネタニヤフは「二国家論」に関心がない
		❸ ○ アラブ諸国のパレスチナに対する同情は薄れている
		❹ ○ 内外パレスチナ人に対する支援は不可欠

パレスチナ ▶▶▶
世界中から見放されつつある流浪の民

　人類の現代史の中で**パレスチナ問題**ほど議論され、批判されながら、未だに解決の糸口すら見出せない問題はないでしょう。イスラエルの項で述べた通り、イスラエルにはそれなりの言い分もあるでしょうが、パレスチナ人が他国を侵略したり、国際法を破ったことはないのですから。それでは、なぜパレスチナ問題は解決しないのでしょうか。

悪魔のささやき

❶ パレスチナ問題は、ユダヤ人の"ナショナルホーム"とアラブ王国の建国を約束した20世紀初頭イギリスの「**三枚舌中東外交**」が生んだ悲劇だが、その責任の大半はイスラエルが負うべきものである

❷ 1964年以降、**PLO（パレスチナ解放機構）** は反イスラエル闘争を続けたが、1980年代後半から現実主義路線に転じ、1993年にはオスロ合意により、**パレスチナ暫定自治区**に**自治政府**が設立されるに至った

❸ 主権国家ではないパレスチナ自治区の経済的自立が難しい中、度重なる反イスラエル抵抗運動により特にガザ地区の状況が悪化し、2023年10月にはイスラエルと親イラン勢力等との間で大規模戦闘が勃発した

❹ ガザを拠点とし、イランなどが支援する**ハマース**（アラビア語でイスラム抵抗運動の頭文字をとった名称）と主流派PLOとの対立は解決不能に近く、自治政府は事実上パレスチナ全土を統治できないほど弱体化している

天使のさえずり

❶ 問題解決の最大の障害は、PLOアラファト議長が命を懸けた難しい政治決断を避けたことである

❷ パレスチナの大義は正論だが、結果的に、パレスチナ人を国家のない**流浪の民**にしてしまった

❸ 腐敗の噂が絶えないPLO指導部には、ガザ地区のハマースの分離独立を防ぐ力量がなかった

❹アラブ諸国の多くも匙(さじ)を投げ、パレスチナ問題解決よりも、イスラエルとの関係正常化を優先した

宮家の解説

① パレスチナ問題はなぜ起きたのか

イスラエルの項で述べた通り、ボタンの掛け違いの原因はイギリスの「三枚舌外交」です。中でも酷かったのはマッカの太守フセインに対する「約束破り」でしょう。**念願のアラブ王国建国をイギリスが支援するかと思ったら、逆に、一時はクウェートに亡命していたサウード族に2大聖地（マッカとマディーナ）を奪われ、アラブ統一王国を断念せざるを得なくなったからです。**

その後のイギリスの変節も見事です。**パレスチナを含む「レバント地域」をフランス、ロシアと分割し、レバノンとシリアはフランスの、パレスチナとヨルダン、イラクはイギリスの勢力圏に置き、ロシアに黒海周辺地域を与えるサイクス・ピコ協定**を秘密裏に結んだのは1916年5月でした。

② なぜパレスチナ国家はできない

理由は二つあります。**第1は、イギリス委任統治下のパレスチナに世界各地のユダヤ人が入植し、団結して事実上の実効支配を進めたからです。**彼らは単なる入植者ではなく、将来の独立国家樹立を念頭に各種武器・軍事物資も準備していました。組織力という点ではイスラエル側に一日(いちじつ)の長があります。

第2は、アラブ側の分裂と決断の遅さです。イスラエルが入植した頃、パレスチナの土地にいたパレスチナ人は小作人で、裕福な地主はベイルートやダマスカスにいました。だから彼らに「権利はない」と言うつもりは毛頭ありませんが、**当時のパレスチナ人には団結心が希薄だったのかもしれません。**1990年代の中東和平プロセスは、最終的にアラファトPLO議長が妥協せず頓挫しました。**その後、パレスチナ側はPLO系とハマースに分裂、交渉の糸口すら見出せないまま、今日に至っています。**

③ イスラエルの保守化・強硬化

和平プロセスの頓挫にはイスラエル保守派が直ちに反応しました。これ以上交渉してもパレスチナ側は譲歩しない、それならイスラエルは独自の道を行くしかない、ということでしょう。アメリカが追求していたパレスチナにも独立国家を与える「二国家論」に対する批判がイスラエルで高まり、その

パレスチナの略史

1947年	11月、国際連合総会がパレスチナ分割決議を採択
1948年	5月、イスラエル独立宣言。第1次中東戦争勃発、難民の発生
1967年	6月、第3次中東戦争勃発。イスラエルが東エルサレム、ヨルダン川西岸、ガザ地区、ゴラン高原を占領、新たな難民の発生
1982年	6月、イスラエル軍によるレバノン侵攻
1987年	12月、ヨルダン川西岸地区とガザ地区でインティファーダ（反イスラエル蜂起）始まる。ハマースが発足
1991年	1月、湾岸戦争勃発。湾岸諸国でパレスチナ人迫害
1993年	9月、PLOとイスラエルがパレスチナ暫定自治協定調印（オスロ合意）
1994年	7月、ガザ・エリコでパレスチナ自治政府が活動を開始
1995年	9月、暫定自治拡大協定調印（オスロ合意Ⅱ）
1996年	1月、パレスチナ評議会選挙実施
2000年	9月、第2次インティファーダ始まる
2002年	イスラエルがヨルダン川西岸地区で分離壁建設開始
2005年	1月、パレスチナ自治政府議長選挙実施
2005年	8〜9月、ガザからイスラエルの入植者・軍撤退、ガザ封鎖開始
2006年	1月、パレスチナ評議会選挙実施、ガザでのハマースの支配が強まる
2007年	6月、ハマースがガザ地区を制圧
2008年	12月、イスラエル軍がガザ侵攻
2011年	シリアでの民主化運動が激化。シリアのパレスチナ難民がレバノンに流出（〜2013年）
2012年	11月、国連総会がパレスチナを「オブザーバー国家」として承認
	12月、イスラエル軍がガザ爆撃
2014年	7月、イスラエル軍がガザ攻撃
2018年	5月、トランプ大統領がアメリカ大使館をテルアビブからエルサレムへ移転
	8月、アメリカ、UNRWA（国連パレスチナ難民救済事業機関）への拠出金停止
2020年	1月、トランプ大統領が新中東和平案を発表
2021年	4月、アメリカ、UNRWAへの拠出金再開を表明
2021年	5月、イスラエル軍がガザ攻撃
2023年	10月、ハマースがイスラエルを奇襲攻撃

出所）特定非営利活動法人パレスチナ子どものキャンペーンを元に作成

パレスチナ自治区

ガザ地区
- 面積：365km²（東京23区の約6割）
- 人口：216万人

西岸地区
- 面積：5,655km²（三重県とほぼ同じ）
- 人口：319万人

出所）外務省

後、対パレスチナ強硬論を唱える保守系政治家が議会の多数を占めるようになりました。**再び首相に返り咲いたネタニヤフも、そうした強硬論者の中では穏健に思えるほど時代は変わりつつあるのです。**

④パレスチナ内部の分裂

当然ながら、パレスチナ側の反作用もあります。和平交渉が進まない中、教育・医療・福祉などの活動でパレスチナ大衆の支持を得たハマースがパレスチナ議会で台頭しました。2007年、ハマースはガザ地区を武力占拠し、以来同地を事実上支配しています。PLOとハマースの関係は完全に修復しておらず、2023年10月からのガザ戦争を経て、現状ではパレスチナに二つの自治政府が併存していると言っても過言ではないでしょう。

⑤アラブ諸国の無関心

もう一つの問題は、アラブ諸国からの支援の欠如です。**パレスチナが内部権力闘争を繰り返す中で、特に湾岸アラブ諸国の関心事は、パレスチナ問題からイランの脅威への対処法に移りつつあります。**こうしたアラブ側の無関心はガザ戦争が長期化し多くの非戦闘員が犠牲になった今も基本的には変わっていません。

⑥アメリカの熱意消失

最近のアメリカは、パレスチナ問題に以前ほど熱心ではありません。第1期トランプ政権はアメリカ大使館をエルサレムに移転し、アブラハム合意を側面支援しました。第2期政権でもパレスチナ問題解決の優先順位は低く、和平交渉が近い将来、再活性化される可能性は殆どありません。イスラエル、パレスチナ双方、特にPLO側の戦略的な政治決断が望まれます。

宮家の採点

悪魔のささやき
- ❶△ イスラエルもイスラエルだが、パレスチナも問題あり
- ❷△ しかし、アラファトは最後に妥協しなかった
- ❸〇 この分裂は深刻であり、修復不能に近い
- ❹〇 自治政府は事実上二つある

天使のさえずり
- ❶〇 アラファトはサダトやラビンのように命を懸ける政治家ではない
- ❷〇 パレスチナ指導部の責任は重大である
- ❸〇 アラファトが管理していた援助資金はどこへ行ったのか
- ❹〇 アラブ諸国もパレスチナ問題どころではなくなったか

エジプト ▶▶▶
数多くの「IDカード」を持つ中東・アフリカの貧しい大国

　中東とアフリカの接点に位置し、ピラミッドに代表される古代文明を誇る地域大国でありながら、西欧の植民地支配に翻弄され、今も経済が低迷を続けるエジプト。スンニー派最高教育機関を擁するイスラム教の大国であり、アラブ・アフリカ世界の文化的中心でもあるエジプト。これほど多くの「身分証明書」を持つ国民はエジプト人ぐらいしか思い付きません。

悪魔のささやき

❶ 巨大な人口を抱え、経済力や財政力に乏しく、地域情勢の急変に脆弱なエジプトが国益を最大化するには、絶妙な「バランス外交」を展開し、米中露の大国間競争を逆手に取ることしかない

❷ パレスチナ戦争（中東戦争）を四度も戦ったエジプトも、今はアメリカに接近しイスラエルと平和条約を結ぶだけでなく、国内イスラム勢力を弾圧するなど、かつての「アラブ世界のリーダー」の面影はない

❸ 深刻な経済・金融危機や債務問題を抱え、国家収入の多くを出稼ぎ労働者、観光、スエズ運河などに依存するエジプトは、インフラ整備など経済開発のための資金調達、投資拡大、技術取得が必要である

❹ エジプト社会は、2011年の「民主化革命」にもかかわらず、慢性的人口増もあり貧困から抜け出せていないが、今後インフレ下での不況が続けば、社会不安やイスラム主義再台頭の恐れすらある

天使のさえずり

❶ エジプトは、古代から欧州地中海地域と交流が盛んであり、その政治的立場は必ずしも反西欧的でない

❷ エジプトの貧困問題は慢性的だが、エジプト人は勤勉で教育水準も高いので、エジプト経済が破綻することはない

❸ エジプトは安全保障面では地域の穏健な現状維持勢力であり、アメリカやサウジアラビア等と共にイランを抑止している

❹国内唯一の安定した政治組織である軍の統治能力は高く、エジプト社会は基本的に安定している

宮家の解説

①多くの「身分証明書」を持つエジプト人

　エジプトはアフリカ大陸の北東端にあるナイル文明を生んだ中東・北アフリカの地域大国で、北は地中海、東は紅海にそれぞれ面し、西はリビア、南はスーダン、北東部シナイ半島ではイスラエル、パレスチナ・ガザ地区と接しています。民族・宗教・文化的にはアラブ・イスラム圏に属し、人口は2020年に1億人を超えました。個人的には外務省時代にアラビア語を研修した思い出の場所ですが、あれから半世紀近く経ったのに、中東、アフリカ、地中海、アラブ、イスラム、ナイル文明といった様々な「身分証明書」を巧みに操るエジプトの本質は変わっていません。さすが、数千年の文明を誇るエジプトならでは、と感心するしかありませんね。

②なぜエジプトの内政は不安定なのか

　7世紀のイスラム化以降、エジプトではウマイヤ、アッバース、ファーティマ、アイユーブ、マムルーク各王朝の後、16世紀にはオスマン帝国、19世紀にはイギリスの支配をそれぞれ受けました。これらの多くは征服王朝でしたから、エジプトが真に自立・独立したのは1952年の革命以降のことだ、とも言えるでしょう。エジプト共和国はアラブ世界初のアラブ社会主義政権でしたが、その実態は軍部による独裁体制でした。当然欧米との関係改善は進まず、逆にソ連との関係を深めたため、エジプト経済は停滞します。1960年以来定着したこの政治構造は2011年の「アラブの春」革命後も続き、結局エジプトは軍事独裁政治に戻ってしまったようです。

③エジプト経済の脆弱性

　エジプトは借金経済を繰り返した結果、2015年からの7年間で対外債務は約4倍に拡大し、エジプトポンドも対ドルで50％以上減価しました。外貨獲得手段はスエズ運河、出稼ぎエジプト人の送金、観光業などに依存しているため、世界的経済危機やパンデミック、地域の混乱などに対し脆弱なのです。

　エジプトはBRICSに加盟していますが、慢性的貿易赤字、外貨不足、多額の対外債務返済などの問題は簡単には解決しません。こうした「貧困の悪循

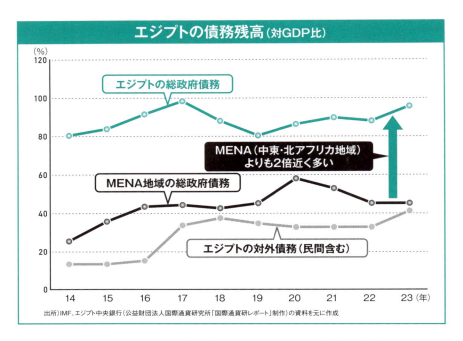

環」を逆流させるためには資本の蓄積と不正をしない優秀な人材が不可欠です。エジプトを含む多くの開発途上国はこの点で大きな政策上のミスを犯していると思います。

④パレスチナのために戦ったエジプト

　パレスチナをめぐっては1948年のイスラエル独立戦争から、56年のスエズ動乱、67年の6日戦争、73年の10月戦争まで4回も戦争が起きました。この間、エジプトは一貫してパレスチナのためにイスラエルと戦った唯一のアラブ国家であり、多大な人的・財政的犠牲を払ったにもかかわらず、そうした努力は必ずしも報われませんでした。これに懲りたのか、エジプトのサダト大統領は1977年にイスラエルを電撃訪問し、中東和平プロセスを始めました。78年にキャンプデービッド合意、93年にはオスロ合意がそれぞれ成立し、今や一部アラブ諸国とイスラエルの関係改善が進んでいますが、肝心のパレスチナ側が妥協を拒んだため、結局、和平プロセスは頓挫します。

⑤対米、対イスラエル関係はどうなるのか

　1981年にサダト大統領が暗殺された後も、エジプトはアメリカと良好な関係を維持しています。また、2023年10月のガザ戦争が長期化しても、エ

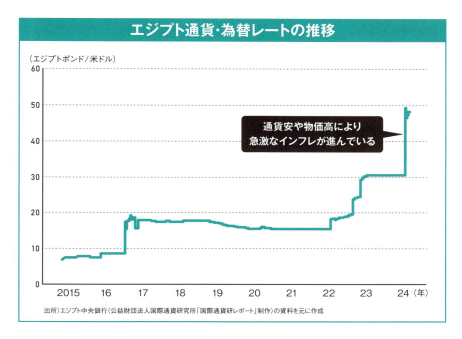

ジプトはイスラエルとの関係を断絶しませんでした。その理由は、今やエジプトやサウジアラビアなど穏健アラブ諸国の最大関心事がイランからの脅威であって、パレスチナ問題の解決ではないからです。今のエジプト政府の目標は、自国の巨大な人口を支える国内経済基盤を強化すること、そのために必要な海外からの投資を確保すべく、平和で安定した地域国際環境を作ることです。となれば、エジプトにとってパレスチナ問題はもはや、最優先事項ではなくなりつつある、というのがエジプトの本音ではないかと思います。

宮家の採点

悪魔のささやき
- ❶○ エジプト人はこうした弱みを切り札にする力がある
- ❷○ 4回の中東戦争を全て戦ったのはエジプトだけだ
- ❸○ その通りだが、その実行は決して容易ではない
- ❹× エジプト人は忍耐強い

天使のさえずり
- ❶○ エジプトは複数の「身分証」を巧みに使い分ける
- ❷△ 破綻はしないが、問題は慢性化している
- ❸○ 穏健アラブ諸国はイスラエルよりもイランが怖い
- ❹○ 問題は軍以外に強力な政治組織がないこと

アラブ首長国連邦▶▶▶
世界中からカネ・ヒト・モノを引き寄せて繁栄

　アラブ首長国連邦（UAE）というと、外務省入省後、アラビア語研修中に訪れたドバイを思い出します。ドバイは今でこそ世界有数の金融商業センターですが、当時は小さな漁村に過ぎませんでした。この地は首長国というより、ワンマンオーナーが経営する都市型中小企業という方が実態に近いでしょう。ドバイを含むUAEが今後とも中東湾岸の有力国として生き残るのか、それとも砂上の楼閣で終わるのか、気になるところです。

 悪魔のささやき

❶ **UAE**は、以前「海賊海岸」と呼ばれていたペルシャ湾西岸のアラブ諸部族の一部が、1971年までのイギリス軍の「スエズ以東」撤退後、アブダビを中心に結集した**都市国家連合**に過ぎない

❷ UAE経済は原油埋蔵量の豊富なアブダビと、資源はないものの商才豊かなドバイから成るが、両首長国のトップがUAEの大統領と首相に就き、かろうじて連邦の権力構造を安定させている

❸ 最大の脅威である**イラン**に対し脆弱なUAEは、アメリカ以外にも安全保障のパートナーを模索しており、その一環として**イスラエル**との外交関係の正常化に踏み切ったと見られる

❹ イランと領土問題を抱えるUAEは人口僅か1000万の都市国家連合であり、自国だけでイランの軍事的、政治的脅威に対抗することはできず、UAEの安全保障は基本的に脆弱と見るべきである

 天使のさえずり

❶ UAEは、原油のアブダビと商業のドバイとの絶妙な均衡連携で安定しており、不安定要因はない

❷ UAEは、サウジアラビアのように急激な人口増加や宗教的な制約がないので、経済としては盤石である

❸ 最大の脅威は領土問題を抱える対岸のイランであるが、アメリカはUAEに

第3章 各国・地域編

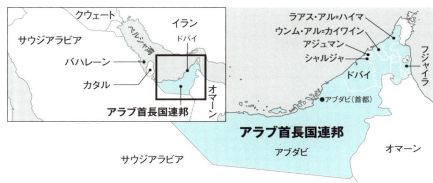

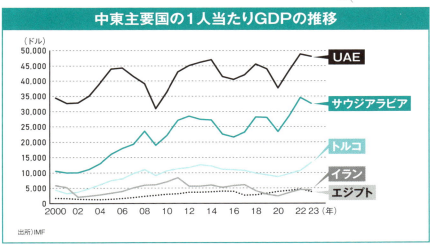

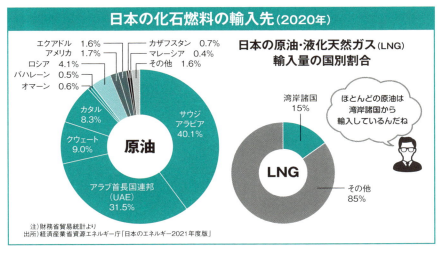

131

安全保障を提供している

❹UAEの外国人労働者管理は徹底しており、移民・難民問題が表面化、問題化する恐れはない

 宮家の解説

①海賊海岸と呼ばれた地域

18〜19世紀、今のUAEを構成する首長国の多くはペルシャ湾における強力な海上勢力であり、ヨーロッパの海事関係者はこの「海賊」たちの本拠地を「海賊海岸」と呼んでいました。1820年、イギリスがこれら海上勢力と休戦協定を結んでから、この地は「休戦海岸」「休戦オマーン（現在のオマーンとは異なる）」と呼ばれるようになります。

その後、この地域・各部族は沿岸の中継貿易や真珠採集で細々と生計を立てるようになり、19世紀末までにイギリスは全ての部族を保護下に置きました。ところが**1950〜60年代になると、アブダビとドバイで石油が発見され、アブダビは石油を中心とした開発計画を進め、ドバイは商業交易都市として発展します**。しかし、1968年にイギリスがスエズ以東撤退宣言を行うに至り、アブダビ首長国を中心に連邦国家を結成する機運が高まりました。

②カタルはなぜUAEに入らなかったのか

連邦結成を主導したのはアブダビで、当初は北西のカタルやバハレーンも含めた９首長国から成る「アラブ首長国連邦」の結成を目指していたようです。ところが、最終的に**カタルとバハレーンは単独で独立する道を選び、UAEはアブダビとドバイを中心とする７首長国で発足しました。**

カタルとバハレーンの不参加の正確な理由は不明ですが、当時、既に石油生産が始まっていた両国は単独で独立することが可能だったため、格下のアブダビが主導するUAEには加盟したくなかったのでしょう。

③寒漁村に過ぎなかったドバイ

私が1980年頃初めてドバイを訪れた時、そこはまだ小さな漁村に過ぎませんでしたが、空港にあった巨大な「免税品店」に大量の酒類が無税で売られていたことをはっきり覚えています。ドバイは小さな都市国家というより、ワンマン同族経営の巨大な地方中小企業だと感じました。

埋蔵量に限界のある**ドバイは早い段階から原油ガスに見切りをつけ、モノ

とサービスの流通拠点や金融の中心地として、世界中から資金とヒトとモノを引き付ける戦略をとり、見事に成功しました。ドバイは商業民族アラブの真骨頂を体現していると思います。

④外国人労働者に依存する経済

UAEに限らず、湾岸アラブ諸国に共通するのは、各企業のトップ以外の中間管理職をこなせる自国民労働者が決定的に不足していることです。**UAEでも、単純労働者だけでなく、中間管理職レベルですら欧米人、インド人などに依存しているのが実態です。人が育たないので外国人に頼るが、外国人に頼り過ぎるため自国民が育たない**という悪循環は続いているようです。

⑤アメリカなどとの安保関連協定

UAEは安全保障確保のため、アメリカと①1987年軍事情報保護協定、②2006年物品役務相互提供協定、③2019年防衛協力協定を結び、国内に3500人が駐留する米空軍基地と米海軍基地を維持しています。特に、同空軍基地は世界最大の米空軍偵察部隊用基地のようです。更に、**UAEはイスラエルと「アブラハム合意和平協定」を締結**し、①外交関係の完全な正常化、②両国の主権・権利を尊重し、友好・協力関係を発展させる、③大使館の速やかな設置、④経済、投資、教育、環境など15分野における2国間合意を締結しています。

⑥イランが最大の脅威

言うまでもなく、UAE最大の潜在的脅威はイランのイスラム共和制です。ペルシャ湾のアブー・ムーサ島、大トンブ島、小トンブ島はイラン軍が占領しているため、UAEはイギリス、アメリカを始めとする欧米諸国との関係を深めており、フランス軍もUAEに恒久的に駐留しているようです。

宮家の採点

悪魔のささやき
- ❶ △ 都市国家にはそれなりの強さと弱さがある
- ❷ ○ 両都市の分業は見事に成功している
- ❸ ○ アブラハム合意に踏み切ったUAE
- ❹ ○ UAEの安全保障は基本的に脆弱

天使のさえずり
- ❶ ○ 政治のアブダビと経済のドバイという分業は成功
- ❷ △ どちらも砂上の楼閣であり過大評価は禁物
- ❸ △ イランがUAEの離島を占領してもアメリカが動く保証はない
- ❹ × 力だけでは外国人労働者をコントロールできない

サウジアラビア ▶▶▶
人口が急増し、原油所得は5分の1に下がった?

　サウジアラビアは建国以来最大の試練に直面しています。**過去半世紀で外国人を除く人口は約600万人から3200万人以上に膨れ上がりましたが、その間の原油生産量は1日当たり約1000万〜1100万バーレルで大きく変わっていません。**1人当たりの原油からの所得は5分の1になったということでしょう。これからサウジアラビアはどこへ行くのか。2016年に発表された現皇太子の「サウジ・ビジョン2030」は成功するのでしょうか。

 悪魔のささやき

❶ サウジアラビアは、アラビア半島内陸の**サウード部族**と、厳格なイスラム法統治を求める**ワッハーブ派イスラム集団**の「政教連立」王朝であり、その極端なイスラム法解釈と統治は常に不安定要因になり得る

❷ 世界有数の原油埋蔵量を誇るサウジアラビアも、過去半世紀で人口が5倍となり、従来の統治方法には限界が見え始めたので、皇太子に権力を集中させ、権力集中による改革で王国の生き残りの賭けに出た

❸ 対外的には、イスラムの2大聖地の守護者として全方位外交を進めつつ、安全保障面ではアメリカに依存してきたが、最近はアメリカの「中東離れ」を見据え、ロシアや中国との関係強化も模索している

❹ 社会面では、従来の厳格なイスラム主義的統治を一部緩和するなど開明的な姿勢を示す一方、**サウード王朝**の敵対者には容赦ない弾圧を続けており、皇太子の改革政策が成功する可能性は低いだろう

 天使のさえずり

❶ サウジアラビアは2代目継承以来初となる父子王位継承により、国家組織の大改革を実行している

❷ 改革の目玉は、人口急増を踏まえた**脱原油経済**の実現であるが、皇太子は不退転の決意である

❸ 外交的にもアメリカへの過度の依存を止め、中国、ロシアとも関係を保

つ、**サウジアラビア第一主義**外交に転換中

❹ 国内で一定の自由化は進めるも、女性の権利や政治的自由を含む基本的人権の尊重には消極的である

宮家の解説

① サウジアラビアとはサウード部族のアラブ王国

日本語では「サウジアラビア」という固有名詞の国があるように錯覚しますが、アラビア語では「サウード部族」による「アラブ」の王国という意味です。アラブ圏にはヨルダン、モロッコ、バハレーンなど他にも王国はありますが、「アラブの王国」と名乗る国はサウジアラビアしかありません。

これだけ「アラブ」に拘るのは、サウジアラビア国王の称号がアラビア半島の「2大聖地の守護者」だからでしょう。しかし、**サウード部族は最初から聖地の守護者ではありませんでした。最初のサウード王国は18世紀に興りましたが、サウード部族が2大聖地を実力で支配したのはマッカの太守フセインのヒジャーズ王国を制圧した1926年、実はつい最近のことなの**です。

サウジアラビアとその周辺国

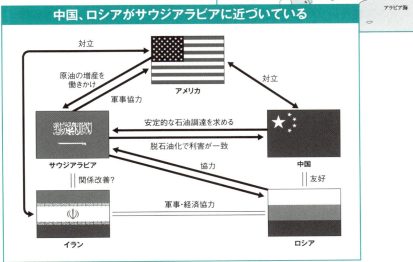

中国、ロシアがサウジアラビアに近づいている

このサウード部族の横槍により、イギリスがフセインに約束した、ハーシム家の「アラブ王国」は夢と消え、イギリスの三枚舌外交は破綻しました。サウジアラビアが「サウード部族」の「アラブ王国」と誇らしげに名乗る意味は意外に奥深いようです。

②王位継承は兄弟で
　初代アブドゥルアジーズ国王の後、王位は同国王の息子たちにより兄弟継承されました。ところが今のムハンマド皇太子はサルマン国王の息子ですから、皇太子が国王となれば、初代国王以来の父子継承となります。

　人口が急増するサウジアラビアは原油だけでは生きていけない。若い国王に権力を集中してこの難局を乗り切ろう。この人事はこうしたサウード王家の危機感が伝わってくるような権力継承だと思います。

③厳格なワッハーブ派との連携
　サウジアラビアのもう一つの特徴は、厳格なイスラム法による統治でした。イスラム教では政治権力と宗教的権威を同時にもつのはスルタンで、マリク（王）には宗教的権威がありません。サウード族は18世紀に厳格な教義をもつワッハーブ派と盟約を結ぶことで、自己の政治的権威を強化してきましたが、禁酒から男女区別まで、その厳し過ぎる統治方法が様々な問題を生んでいたことも否定できません。

④人口増加で改革は不可避
　政治の実権を握ったムハンマド皇太子は、こうした宗教上の制約を緩和しながら、脱原油時代に備えた大胆な各種改革の実現を目指しているようです。しかし、この種の改革は1990年代にも試みられ、見事に失敗した過去があります。**若い皇太子の努力だけで、伝統的なサウード部族の統治の欠陥を是正できるとは思えません。皇太子の改革が成果を出すにはかなりの時間がかかるでしょう。**

⑤アメリカとの関係は微妙
　もう一つ気になるのが、アメリカとサウジアラビアの関係です。バイデン前大統領は、イスタンブールのサウジアラビア総領事館内でサウジアラビア人ジャーナリストが殺害された事件に代表される皇太子の荒っぽい手法を強く批判しました。これに対し、ムハンマド皇太子はアメリカの干渉に強く反発しており、両者の個人的信頼関係は傷付いたと思います。特に、**ウクライ**

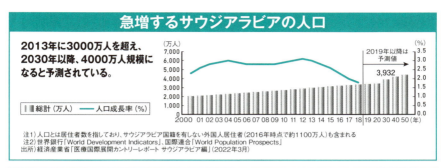

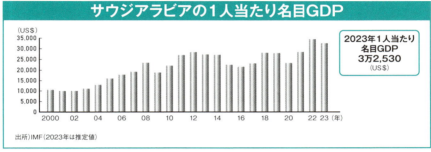

ナ戦争でエネルギー価格が高騰する中、ロシアに協力する形で、サウジアラビアがアメリカの求めた原油増産を拒否したため、両国関係は冷え込みました。今後も両国関係がギクシャクし続ければ、漁夫の利を得るのはイランでしょうが、第2期トランプ政権の誕生で状況は再び変わりつつあります。

中東湾岸地域の安定という観点からは、サウジアラビアとアメリカの関係正常化が不可欠です。「どっちもどっち」という見方もありますが、両国には冷静な政治判断が求められると思います。

宮家の採点

悪魔のささやき
- ❶△ サウジアラビアが直ちに不安定化する可能性は低い
- ❷◯ 皇太子の強権的手法にも問題がない訳ではない
- ❸◯ サウジアラビアの対米関係は冷却化しつつある
- ❹△ 改革成功の可能性は未知数だが、これ以外に手段はない

天使のさえずり
- ❶◯ しかし、大改革が成功する保証はない
- ❷◯ 不退転の決意でも、裏目に出る可能性もある
- ❸◯ それでも最後はアメリカに頼らざるを得ない
- ❹◯ 但し、自由化には限界がある

中央アジア ▶▶▶
「大国間の狭間」を逆手に取って利益を得る

　中央アジアとコーカサス（カフカス）と言えばシルクロード、日本人にとっては夢とロマンの詰まった場所だと思います。しかし、現実は想像以上に厳しい世界です。例えば、コーカサスのジョージアは2008年、ロシアに軍事侵攻され、北部の南オセチアとアブハジアが今も占領されたままです。また、中央アジアでも、カザフスタンでは2022年、反政府デモが国内各地で発生し、強大な権力を握っていたナザルバエフ国家安全保障議会議長（前大統領）が解任されています。この地域はどのように理解すれば良いのでしょうか。

 悪魔のささやき

❶ いずれも**ソ連崩壊後**に独立した新興国家だが、ソ連時代に世俗化が進んだイスラム社会の中央アジアは今も対ロシア依存が高いのに対し、コーカサス諸国の対ロシア関係は一様ではない

❷ 天然資源が豊富なカザフスタンやアゼルバイジャンから、経済的に恵まれないキルギスやタジキスタンなど、各国間の格差は大きく、中央アジア・コーカサス地域全体としての経済発展は期待できない

❸ 中央アジアは、ロシアというキリスト教圏と、中国という中華文明圏に挟まれたイスラム圏であり、ウクライナ戦争開始後には「**脱ロシア化**」の動きも見られたが、ロシアに対する政治的・経済的依存は当面続く

❹ コーカサス地域は、ロシアに侵略されたジョージア問題、ナゴルノ・カラバフをめぐるアゼルバイジャンとアルメニア間の紛争など不安定要因もあり、今後も「脱ロシア化」の動きが続く可能性はある

 天使のさえずり

❶ ロシアの国力の低下と中国の台頭により、将来、中央アジアが両国の「草刈り場」となる可能性はある

❷ 中央アジアは経済的には一様ではないが、各国とも、中国、ロシアいずれにも依存しない国作りを模索している

中央アジア5カ国の位置関係

ウズベキスタン
ウラン、金、ヨウ素、石油、天然ガスなどが豊富に産出される。古都サマルカンドが有名。古代シルクロードの交差点であり、1000年以上の絹生産の歴史を有する東部のフェルガナ地域では、2009年以降、日本の支援事業により高品質蚕糸の安定生産が実現している。

カザフスタン
国土の29％をステップ（草原）が占め、標高7010mのハン・テングリ山を擁する天山山脈の支脈が連なっている。1人当たりGDPは中央アジア諸国では最も高く、石油、天然ガス、ウラン、レアアース等の資源を有している。南部にあるバイコヌール宇宙基地からは、各国の人工衛星が打ち上げられている。

トルクメニスタン
世界4位の天然ガス埋蔵量を誇る資源大国で、ロシア、中国、イランにパイプラインで輸出。一貫して中立政策を掲げる永世中立国。教育重視の政策を打ち出したベルディムハメドフ（父）大統領の決定により、2007年9月に初めて日本語学科が開設。現在では、国内の日本語学習者数は1000人を超えている。

キルギス
国土の9割以上が標高1500m以上にある。琵琶湖の約9倍の大きさを誇るイシク・クリ湖は、旧ソ連時代は外国人の立ち入りが禁止されていたため、「幻の湖」とも呼ばれていた。2012年より行われているキルギス・シルクロード国際マラソン大会には、毎年多くの日本人が参加している。

タジキスタン
中央アジアでは珍しい山岳国で、国土の約9割を山岳地帯が占めている。大小合わせて1300以上の湖があり、さらに国内の河川の総延長は約2万8500kmで水力発電が盛ん。この電力をアフガニスタンとパキスタンに供給する計画が進んでいる。2022年10月の時点で、全体の53％の送電塔の建設が完了している。

出所）外務省、自然エネルギー財団（ロマン・ジスラー）

各国の主な経済指標

国	人口（万人）	GDP（十億ドル）	1人当たりGDP（千ドル）	面積（万km²）
ウズベキスタン	3570	102	2.8	45
カザフスタン	1980	259	13.0	273
キルギス	680	14	2.0	20
タジキスタン	1030	12	1.2	14
トルクメニスタン	660	78	12.0	49

出所）国連人口基金、外務省の資料を参考に作成

❸ トルクメニスタンとウズベキスタンを除き、中央アジアはロシア中心の集団安全保障条約に加盟している
❹ テュルク系が多い中央アジアとアゼルバイジャンでは、民族的結びつきが強いトルコとの関係も要注意

 宮家の解説

① 変遷する中央アジアの覇者

　中央アジアについて確立した定義はありませんが、一般的にはユーラシア大陸の内陸部に位置し、現在では、北はロシア、東は中華圏、南はインドとイラン、アフガニスタン、西はカスピ海に囲まれた地域を指すことが多いようです。歴史的にユーラシア・ランドパワーの移動経路に当たるこの地域は、古代から支配者が目まぐるしく変わりました。中でも大きな動きは、10世紀以降のイスラム・テュルク系の台頭、13世紀のモンゴル系の大陸席巻と、16世紀以降のロシアによるユーラシア大陸北部征服でしょう。

　この内、モンゴル系の多くはイスラム化したため、**現時点でこの地域に大きな影響力をもつのはロシアと、同じテュルク系のルーツをもつトルコだと思います。**中国も最近は影響力を拡大しつつあるようですが、文化的、宗教的、言語的に見て、中国の影響力には自ずから限界があるでしょう。

② 中央アジアはなぜ独立できたのか

　ソ連崩壊後、カザフスタン、キルギス、タジキスタン、ウズベキスタン、トルクメニスタンの五つのテュルク系共和国が独立できた理由は各国様々でしょうが、いずれもモスクワから遠いこと、在留ロシア人が多くなかったこと、イスラム系であったこと、これら共和国の独立の意志が強く、ロシアとしても物理的に独立を阻止はできなかったこと、などが大きな理由でしょう。他方、**国際法的に独立しても、中央アジア各国の軍事的、経済的なロシア依存は続いており、今もロシアの影響力は圧倒的とすら言えます。**ロシアからの圧力もあり、現地政府・国民もロシアとの紐帯を断ち切るのは容易ではないでしょう。

③ どの国が最も影響力をもつのか

　現在、ユーラシアにはロシア、中国、イスラムという三つの現状変更勢力がありますが、これら全てから悪影響を受けるのは中央アジアだけです。ロシア以外では、同じイスラムでテュルク系のトルコも影響力の拡大を狙って

いますが、中央アジアのイスラム教は「宗教ではなく文化だ」と考える現地知識人も少なくなく、中東のイスラムとは性格が異なるようです。

一方、**ウイグル問題を抱える中国も、この地域での影響力拡大を狙っています。中央アジア各国には「中国嫌い」の感情がある一方で、資金が豊富だった中国は投資に積極的かつ柔軟だったので、ソフトパワーの点ではロシアやトルコに勝っていた面もあるようです。**

中央アジア諸国はロシアというキリスト教圏と、中国という中華文明圏に挟まれたイスラム圏ですが、彼らはこうした「大国間の狭間」にある自らの位置を逆手に取ってそれぞれの利益を最大化してきました。**利に聡い中央アジアの指導者たちが現在の対ロシア依存から、対トルコ、対中国に舵を切る可能性は当面低いでしょう。**

④キリル文字からラテン文字へ

それでも最近、興味深い動きが見られます。トルコ主導で、アゼルバイジャン、ウズベキスタン、キルギス、トルクメニスタンなどテュルク系言語を使う諸国が、**自らの言語を表すアルファベットをロシア語のキリル文字から、トルコ式のラテン文字に統一する動きが表面化しつつあるようです。**ラテン文字への移行は、政治的・民族主義的意味をもつので要注目です。

⑤中央アジア地域の経済と日本

中央アジア各国経済の状況は一様ではありません。天然資源が豊富なカザフスタンやトルクメニスタンと、経済的に必ずしも恵まれないキルギス、タジキスタン、ウズベキスタンでは、各国間の格差が決して小さくないからです。日本も中国、ロシア、トルコに負けず、きめの細かい支援が必要です。

宮家の採点

悪魔のささやき
- ❶ ○ 対露関係で中央アジアはコーカサスとはかなり異なる
- ❷ ○ 中央アジアが一つの経済共同体を作ることは難しいだろう
- ❸ ○ 中央アジアのロシアに対する政治的・経済的依存は当面続く
- ❹ ○ コーカサス地域では「脱ロシア化」に要注意

天使のさえずり
- ❶ △ ロシアの影響力はまだ残っている
- ❷ ○ 中央アジアは文化的にロシアでも中国でもない
- ❸ ○ 安全保障面でのロシアの影響力は圧倒的である
- ❹ ○ テュルク系トルコを過小評価すべきではない

ロシア ▶▶▶
プーチンの判断ミスで国家の危機に

　ロシアはとても悲しい国です。自分たちはヨーロッパの一部だと自負していますが、西欧諸国はもちろん、東欧諸国ですら、心の底ではそれを認めてくれません。歴史的には過去数世紀の間に帝国主義的拡大を続けたロシアも、1991年の**ソ連崩壊**により大きな壁に直面しました。更に、2022年には**ウクライナ戦争**というプーチン大統領の**戦略的判断ミス**により、ロシア国家は重大な試練に直面しています。

 悪魔のささやき

❶ ソ連崩壊後、欧米諸国が**NATOの東方拡大**を進めたことで、ロシア、特にプーチン大統領の対西側疑心暗鬼が高まり、ジョージアやウクライナへの侵攻を招いた点で、結果的に西側の対ロシア外交は失敗した

❷ 資源大国たるロシアは、エネルギー価格の急騰を背景に、ロシアの天然ガスへの依存を高めている西欧諸国に対する影響力を強めており、ヨーロッパ諸国は**対露エネルギー依存**から簡単には脱却できない

❸ プーチン大統領は、ロシアの戦略的脅威がアジアではなく、西方NATO方面から来ると考えており、ウクライナがNATO化する恐れがあった以上、同大統領にウクライナ侵攻以外の選択肢はあり得なかった

❹ プーチン大統領のウクライナ侵攻を正当化することはできないが、同時に、欧米側にも相応の原因があったことも事実であり、同大統領が侵攻せざるを得なかった背景はよく理解すべきである

 天使のさえずり

❶ プーチンの戦略的判断ミスにより、ロシアの**国力の低下**は不可避だが、ロシアを過小評価すべきではない

❷ 経済制裁と戦費増大はボディブローで効いてくるので、ロシア**経済の低迷**とロシア人の**人材流出**は続く

❸ 第2期トランプ政権誕生によりウクライナ戦争をめぐる国際環境は急変

し、ロシアは国際的孤立を回避するだろう
❹他方、プーチン失脚でも、ロシアが民主政治に回帰する保証はなく、ロシア民族主義的傾向は続く

宮家の解説

①ロシアの地政学的脆弱性

現在のロシアの原型は15世紀のモスクワ大公国でした。ロシアの外敵を防ぐ山脈は、アジアとの境界にあるウラル、中東方面のカルパチア、南アジア方面のコーカサス（カフカス）でいずれも遠く、モスクワの周辺は山や海のない平坦な地形です。**モスクワは強力な外敵にあまりにも脆弱でした。こうしたロシアの弱さはロシア人の安全保障観を独特なものにしていきます。**

②永遠に緩衝地帯と不凍港を求め続けるロシア

13世紀のモンゴル来襲はロシアの危機感を決定付けました。陸続きの国境は脆弱で、100％の安全を確保するためには、敵との間の十分な「緩衝地帯」と、いざという時に海へ逃げられる「不凍港」が必要ということでしょう。その後、モスクワはこの課題を貪欲に実現していきます。

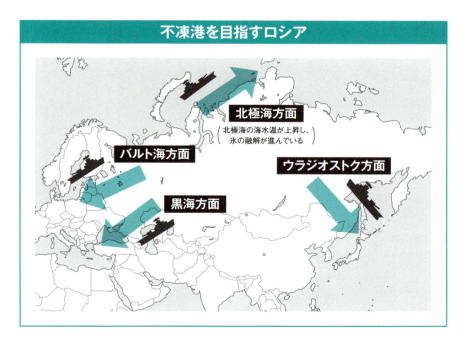

③ ゴルバチョフの改革はなぜ失敗

　ゴルバチョフほど評価の分かれるソ連の政治家はいないでしょう。西側にとっては漸くソ連に誕生した改革派で、ソ連との平和共存を可能にする政治家でした。逆にソ連では西側に過度に譲歩した危険なリーダーであり、共産主義体制そのものを危機に晒す可能性すらあると危険視されました。

　結果的に**ゴルバチョフが考えた改革はソ連システムの延命を図るどころか、逆にその衰退を早めることになりました。そのことを鄧小平を含む同じ共産主義中国の保守派指導者が正確に理解していたからこそ、1989年の天安門事件では民主化を求める学生たちを徹底的に弾圧した**のでしょう。

④ プーチンを大統領にしたエリツィンの功罪

　エリツィンがなぜプーチンを後継者に選んだかについては議論があります。1999年大晦日に辞意を表明したエリツィンは、全体主義を脱して明るい未来への期待を抱いた国民に応えられなかったことを自省し、民主主義の原則を守って辞任する旨を述べました。後継にプーチン首相を指名した理由は明らかにしませんでしたが、**それはプーチンが民主主義者だからではなく、生涯エリツィンを刑事訴追から免責することを約束したからに過ぎない**

ソ連・ロシアの略史

1917年	ロシア革命
1922年	ソビエト連邦の誕生
1982年	ブレジネフ書記長の死去
1985年	ペレストロイカ(建て直し)を導入(ゴルバチョフ書記長)
1988年	アフガニスタンから撤退(〜1989年)
1989年	ベルリンの壁崩壊 アメリカとの冷戦終結(マルタ会談)
1990年	東西ドイツの統一
1991年	ソビエト連邦崩壊、ロシア連邦の誕生(エリツィンが初代大統領に就任)
1998年	ロシア財政危機
2000年	プーチンが大統領に就任
2008年	メドベージェフが大統領に就任 リーマンショック
2012年	プーチンが大統領に復帰 ウラジオストクでAPEC(アジア太平洋経済協力)首脳会議開催
2014年	ソチ冬季オリンピック開催 クリミア半島併合
2018年	FIFAワールドカップロシア開催
2022年	ウクライナ侵攻

出所)各種資料を参考に作成

と思います。その意味で晩年のエリツィンは、判断力が衰えていたか、もしくは本当の民主主義を理解していなかったのかもしれません。

⑤ NATOに裏切られたプーチン

プーチンが大統領に就任した頃、NATOの東方拡大は既定路線となっており、ロシア側にこれを阻止する力はなかったでしょう。しかし、あの時点からプーチンがNATOの東方拡大をロシアに対する潜在的脅威と考えていたことは間違いなく、この屈辱的な記憶が2014年からのロシアによるクリミア侵略に繋がっていったのだと思います。

⑥ プーチン体制はいつまで続く

ウクライナ戦争の行方次第でしょう。プーチン自身、負けるとは言えないし、負けるとも思っていません。それは**ゼレンスキー大統領**も同様でしょう。しかし、第2期トランプ政権の登場で停戦交渉が動き出す可能性も出てきました。プーチンはトランプ政権の反NATO・EU感情を最大限利用し、停戦に向け有利な立場を確保しようとするでしょうが、予断を許しません。停戦後プーチンが失脚する可能性は低いですが、仮に失脚しても、**ポスト・プーチン時代も国粋的・民族主義的政治家がリーダーになるでしょう。**

⑦ 北方領土はどうなる

近い将来、日露交渉の再開はないでしょう。そもそも、ロシアが北方領土を日本に返還するとすれば、それは中国がロシアにとって戦略的脅威となり、ロシアが日米などとの関係改善を本気で考える時だけです。**残念ながら、プーチンは対NATO関係に固執する、戦略的判断のできない指導者**であり、日露関係の変化はポスト・プーチン時代以降に期待するしかなさそうです。

宮家の採点

悪魔のささやき
❶ △ しかし、最大の問題はロシアが民主化しなかったことだ
❷ ○ 西ヨーロッパ、特にドイツの動きが要注意である
❸ ○ これがプーチンの限界である
❹ × 中国の脅威を考えると、こうした議論は間違っている

天使のさえずり
❶ ○ このままプーチンがロシアの衰退を座視するとは思えない
❷ ○ 中長期的にはロシアの衰退が続くだろう
❸ ○ プーチンはトランプ政権を待ち望んでいたはず
❹ ○ ロシアが国際主義、民主主義を志向する可能性は低い

ウクライナ ▶▶▶
不正・腐敗を撲滅しない限りEU、NATOへの加盟は無理

　数年前まで、ウクライナという民族国家は存在しませんでした。ウクライナが強い独立意識をもった民族国家になったのはつい最近のことですが、それはプーチン大統領の判断ミスによるところが大きいのではないでしょうか。それと同時に、ゼレンスキー大統領という稀代の役者が、「ウクライナ民族の英雄」の役柄を見事に演じた功績も忘れてはいけません。ここではウクライナの将来について考えます。

悪魔のささやき

❶ 現在の「民族国家」ウクライナ創出に最も貢献したのは他ならぬロシアのプーチン大統領であり、逆に言えば、ロシアのウクライナ侵攻なしに、ウクライナという民族国家は再生しなかっただろう

❷ 肥沃な農地が広がる世界有数の穀物輸出国でありながら、ウクライナはヨーロッパ第2の貧しい国であり、高い貧困率と深刻な汚職・腐敗問題を抱え、ロシアが侵攻する前のウクライナは基本的に不安定な国だった

❸ 兵員数でヨーロッパ有数の軍事力を保有し、国連、ヨーロッパ評議会、ヨーロッパ安全保障協力機構などに加盟しながらも、ウクライナはNATOにも、CIS（独立国家共同体）にも加盟することはなかった

❹ 歴史的、宗教的に、これまで多くのウクライナ人は「ロシアとの一体性」を信じていたのであり、今回のロシアの侵略によってウクライナ人の対ロシア感情は悪化したものの、ロシアとの繋がりを断つことは不可能

天使のさえずり

❶ ウクライナでは、対ロシア戦争中は内政上の権力闘争が封印されるが、停戦成立後は内政が混乱する可能性は残る

❷ 戦争の長期化でウクライナ経済は疲弊するが、成長の妨げとなっていた汚職と癒着の問題は未解決

❸ 現状は事実上のNATO準加盟に近いが、戦争が続けば、NATO側の軍事的

❹ 仮に停戦が実現しても、人口の２割近くを占める**ロシア系住民**との和解は難しく、混乱は続くだろう

宮家の解説

①ロシアの隣国ウクライナの地政学的悲劇

ウクライナの地政学的位置も良好とは言えません。南こそ黒海に面して最小限の「海への出口」があるものの、東はロシア、北はベラルーシ、西はポーランド、スロバキア、ハンガリー、西南はモルドバ、ルーマニアなど、多くの国と**陸上国境**で接しているからです。

18世紀までにウクライナはロシア帝国に併合されますが、ロシア革命で帝国が崩壊するとウクライナでは民族自決運動が起き、1917年にはウクライナ人民共和国の樹立が宣言されます。しかしその後、ロシア内戦などを経て、ウクライナはソ連邦の一部となります。ウクライナはロシア発祥の地でもあり、ロシア人の対ウクライナ感情は複雑です。ロシア民族主義者の一部はウクライナを「ロシアと一体」でありながら「弟分」と見る傾向があるの

ウクライナの略史

1991年	8月、ウクライナ独立宣言。12月、ソ連崩壊
1994年	12月、米英露がウクライナの安全保障を約束（ブダペスト覚書）。ウクライナが核兵器を放棄（～1996年）
2005年	1月、親欧米のユシチェンコがウクライナ大統領になるが、同氏は選挙中、ダイオキシン中毒で重症となった
2010年	2月、親ロシアのヤヌコビッチが大統領に
2013年	11月、ヤヌコビッチ政権、EUとの連合協定の交渉停止
2014年	2月、首都キーウなどでヤヌコビッチ政権への抗議活動が激化、同氏はロシアへ亡命（ユーロマイダン革命）
2014年	3月、ロシア、クリミア半島を一方的に編入（クリミア危機）
2014年	6月、親欧米のポロシェンコが大統領に
2014年	ウクライナ政府軍と親ロシア系勢力の間で紛争（～2022年）
2019年	5月、親欧米のゼレンスキーが大統領になり、EUやNATO加盟に前向きでロシアは警戒
2021年	7月、プーチン大統領、統一論文「ロシアとウクライナは一つ」を発表
2021年	9月、ロシア軍、ベラルーシ軍がウクライナ国境付近で合同演習
2022年	2月21日、ロシア、一方的にウクライナ東部のドネツク州とルハンスク州を国家承認
2022年	2月24日、ロシア軍、ウクライナ侵攻を開始

出所）Yahoo!ニュース制作（2022年12月20日）、在ウクライナ日本国大使館の年表を参考に作成

に対し、ウクライナ側もロシアは完全には「心を許せない」が「頼りにせざるを得ない」隣国でもあると考えていたのではないかと推測しています。

②ソ連時代のウクライナ

2014年にロシアが侵攻し併合したクリミア半島も、ロシアから見れば元々ロシアの領土であり、偶々ソ連時代にフルシチョフが対ウクライナ懐柔策としてウクライナ共和国に編入しただけと考えています。**プーチンのウクライナ観はこうしたソ連時代の記憶に基づいているのでしょう。**

③ソ連崩壊後のウクライナ

ソ連崩壊に伴い、ウクライナは1991年に独立し中立を宣言します。外交的にはロシアを含むCIS諸国と限定的な軍事提携を、1994年にはNATOとパートナーシップをそれぞれ結びました。更に同年、アメリカ、ロシアからの圧力もあり、ウクライナの領土不可侵の保証と引き換えに、保有していた核兵器を放棄するなど、バランス外交に努めました。

内政面では、独立後の民主選挙を経ても対露関係をめぐる国論の分断は収斂せず、2004年に**オレンジ革命**が起きるなど親露派と親欧米派の激しい政争が繰り返されました。2013年には親露派**ヤヌコビッチ政権**がウクライナ・EU連合協定の停止と対露経済関係緊密化を打ち出し、2014年にはこれに抗議する**ユーロマイダン革命（尊厳革命）**が起きて、ヤヌコビッチ政権は崩壊します。同年のロシアによるクリミア軍事侵攻は、こうした騒動で危機感を強めたロシア側の対応だったと思います。

④クリミア戦争で変わったウクライナ

それまでのウクライナは、国論が二分され、軍隊が弱体で、汚職まみれの中途半端な国でした。ところが、**2014年のロシアによるクリミア侵攻でウクライナは目覚めます。ロシアに対する反感は新たにウクライナ民族主義的感情を醸成し、国軍はNATO諸国の支援を得て新たな軍改革を始めました。**ロシアが2022年2月に軍事侵略を始めた時、ちょうどウクライナは新しい民族国家に脱皮しつつあったのです。

⑤ウクライナはEUとNATOに加盟できるのか

ロシアのウクライナ侵略が国際的に非難されることと、ウクライナがEUとNATOに加盟することは別問題でしょう。**戦争の影響であまり問題になってはいませんが、ウクライナ国内の不正・腐敗問題がこの戦争で解消された**

第3章 各国・地域編

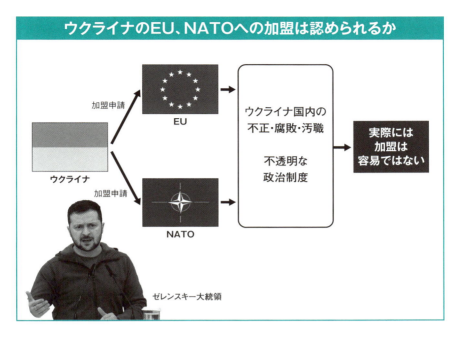

訳ではありません。EU、NATOに加盟するためには汚職問題だけでなく、政治制度の透明性など多くの条件を満たす必要があります。これまでウクライナがNATOに加入できなかったのは、ロシアからの圧力以外にも、国内制度の改革や整備が不十分だったこともあるようです。

今の戦争がどう終わるかにもよりますが、ウクライナの加盟交渉は決して容易ではないと考えます。加盟実現は今後のウクライナ国内改革、ロシア側反発の程度、欧米諸国の思惑などを勘案して決まると思います。

宮家の採点

悪魔のささやき
- ❶ ○ ウクライナは漸く真の意味の民族国家となった
- ❷ ○ 戦争が終わってもウクライナの問題は解決されない
- ❸ ○ これからも加盟は難しいかもしれない
- ❹ △ ウクライナ人の対露感情は複雑だ

天使のさえずり
- ❶ ○ 仮に停戦があっても内政は混乱する
- ❷ ○ 不正・腐敗は一朝一夕には解決できない
- ❸ △ ヨーロッパ諸国の間で意見が分かれる可能性あり
- ❹ △ 真の和解は困難だが、妥協は不可能ではない

アフリカ問題（貧困・飢えなど全般）▶▶▶
旧宗主国の圧政で「統治の正統性」が傷付いた

　一昔前、アフリカは「暗黒の大陸」などと揶揄されていました。今も、人口増、貧困、エイズ、内戦など問題は山積みで、ソマリア、マリ、中央アフリカ、南スーダンなどでは無政府状態が続いています。しかし、長年ヨーロッパの植民地主義の犠牲となり、近代国家として離陸することが叶わなかったアフリカ大陸諸国だけに、貧困や飢饉などの問題を解決できない責任を負わせることは必ずしも公平ではありません。

 悪魔のささやき

❶ かつて「暗黒の大陸」と呼ばれた「サハラ以南」のアフリカは、旧宗主国が人工的に設けた国境内に、多くの対立部族が住み、安定した統治機構が未発達である国も少なくない

❷ この地域では部族・民族間の抗争が頻発し、貧困が深刻であるばかりか、マラリアやエボラ出血熱、エイズなどの感染症も蔓延しており、平均寿命が60歳に満たない国もある

❸ 他方、一部には経済が発展して治安の安定した国もあり、更に、南アフリカ、ボツワナ、シエラレオネのようにダイヤモンドや金属、レアアース、原油などの資源産出国も少なくない

❹ 植民地時代の負の遺産から、現地での部族対立・民族対立と現在の国境が必ずしも政治的実態を反映していないことが多く、そのことが多くの国で慢性的不安定要因になっている

 天使のさえずり

❶ 慢性的貧困、部族対立、感染症などにより、政治的、経済的に離陸できていない国の悪循環は続く

❷ アフリカ諸国にも専門家は育ちつつあり、一部の国を除けば、感染症対策も充実しつつある

❸ 一部資源の豊富な国で成長は続くが、地域全体の経済発展は難しく、今

後も経済支援が必要である

❹ サブサハラアフリカ（サハラ砂漠以南のアフリカ）地域の一部では社会が安定せず、イスラム過激派組織の伸長が著しい国も少なくない

宮家の解説

① アフリカは本当に後れた地域なのか

アフリカ、特にサブサハラアフリカは開発途上の国というイメージが拭えませんが、本当にそうなのでしょうか。私はサブサハラアフリカ諸国に赴任した経験はありませんが、このイメージはこの地を植民地支配したヨーロッパ人の受け売りではないかと疑っています。

アフリカ地域には天然資源に恵まれ、豊かな自然環境をもつ国が少なくなく、実際に一部ながら世界が注目するほどの高い経済成長を実現している国もあります。本項では、こうしたステレオタイプの否定的なアフリカ観を排し、アフリカが直面する問題をできるだけ客観的に分析します。

② ヨーロッパの植民地主義の犠牲になったアフリカ

アフリカ諸国の状況、特に貧困問題や社会インフラの後れは憂うべき状況

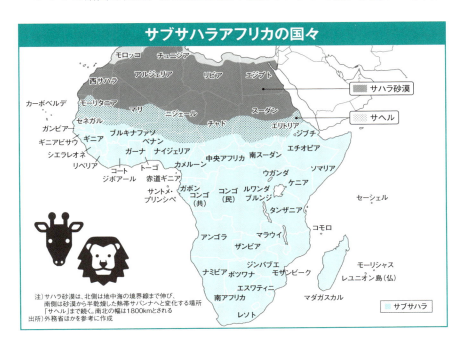

サブサハラアフリカの国々

にあります。他方、アフリカ以外の他の開発途上地域が近年いずれも着実に所得を伸ばしてきている中で、アフリカだけが停滞もしくは低下していることも事実です。この原因については、世界銀行が2005年に発表した「アフリカは21世紀に生き残れるか」なる報告書が、アフリカの開発問題が解決できない理由として、次の四つの様々な環境が影響し、歴史的に開発が後れてしまったと指摘しています。

③資源の豊富なアフリカでなぜ貧困が続くのか

　四つの環境とは、①統治制度の脆弱さ、②教育問題、頭脳流出、エイズなど感染症による人的資源の脆弱さ、③貿易と対外債務に依存するモノカルチャー経済の脆弱さ、④外国からの援助資金の低下を指し、これらの相乗効果により状況が改善しないというのです。

　確かに、これらの要素はいずれも植民地時代にヨーロッパの宗主国から受けた様々な搾取や不公平な取り扱いの結果でしょう。その意味で世界銀行の指摘は間違いではありません。しかし同時に、それだけでは本来豊かなアフリカ諸国が、かくも長期間貧困に喘ぐ理由を説明できません。

④各国政府の統治の正統性

　問題の本質は、過去の特定の期間の搾取の有無だけでなく、こうした悪循環が長期化したことで各国政府の「統治の正統性」が傷付いたことではないでしょうか。

　悪循環の長期化は、アフリカ諸国の社会構造、社会制度、社会的ルール、人材養成やリクルートなどのシステムを構造的かつ組織的に破壊していきます。この種のルールは各国で異なり、かつ長期的に蓄積され定着していくものですので、一度破壊されたら再構築は容易ではないでしょう。

⑤日本のTICAD（アフリカ開発会議）プロセス

　TICADは、アフリカ開発をテーマとする日本主導の国際会議で、国連などとの共催で1993年以降、5年ごと（現在は3年ごと）に開催しています。**TICADは日本の対アフリカ支援の基軸ですが、日本が特に重視するのはアフリカ諸国の自助努力（オーナーシップ）と国際社会の支援（パートナーシップ）です。**

　中でも重視しているのが、「平和の定着（開発の前提となる持続的な平和のための支援）」「経済成長を通じた貧困削減（貿易・投資の促進や農業・農村開発を通じた経済成長のための支援）」「人間中心の開発（保健医療や教育、食糧支

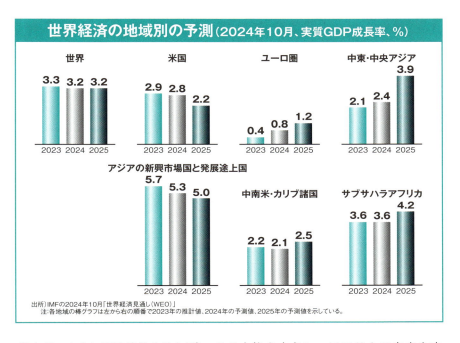

援など、人々に直接裨益する支援)」の３本柱を中心に、アフリカの自立を支え、アフリカが必要とするものを支援することです。

　こうした日本の取り組みは、欧米諸国や中国とは一味も二味も違うユニークなもので、援助額の多寡ではなく、既に述べたアフリカ諸国政府の「統治の正統性」を直接補強するためのものだ、と私は勝手に理解しています。こうした試みはあまり目立たず、新聞の１面を飾る大ニュースにはなりませんが、決して疎かにしてはいけないものだと考えます。

宮家の採点

悪魔のささやき
- ❶ ○ 旧宗主国の与えたダメージは大きい
- ❷ ○ 政治、経済、社会の諸問題が悪循環を加速している
- ❸ △ 豊かな国はあるが、例外に近い
- ❹ △ 植民地時代の負の遺産だけを責めても問題は解決しない

天使のさえずり
- ❶ ○ 悪循環を止める知恵が必要である
- ❷ △ 頭脳流出を止めるのは現地政府の責任である
- ❸ △ 経済支援だけに依存する体質は変える必要がある
- ❹ ○ 貧困が宗教的過激主義の温床となっている

オーストラリア ▶▶▶
中国への過度の依存を反省し対中政策を大転換

　最近までオーストラリアは私にとって不思議な国でした。同じアジアの国ながら我々と顔形がちょっと違う。英語を喋る国家という点ではアメリカに似ていますが、実際に行ってみると、巨大なイギリスのようでもあります。一昔前は「白豪主義」を貫く人種差別の国という印象でしたが、今シドニーに行けば、アジア系、インド系、中東系など、あらゆる人種が混在しています。私たちはオーストラリアをどう理解すべきでしょうか。

 悪魔のささやき

❶ オーストラリアは南太平洋に位置する民主主義国家ではあるが、1972年以降は超党派で親中政策を維持してきた過去があり、今後中国側の出方次第では対中政策が変更される可能性は否定できない

❷ 農産物や鉱物資源が豊富なオーストラリアは、経済成長率3.6%（2022年度）、1人当たり名目GDPが6万ドル超（2022年）の貿易大国であるが、その最大の輸出先は巨大な中国市場であり、対中経済関係には敏感である

❸ 安全保障面では、近年、対中懸念が高まりつつある中、アメリカとの同盟関係を基軸に、AUKUSやQUADへの関与を強めている

❹ 建国以来、白人優先の「白豪主義」を貫いてきたオーストラリアは、1973年に移民政策を大きく転換し、今や中東系、インド系、アジア系移民が急増する多人種社会に変容しつつあり、中国系移民も多い

 天使のさえずり

❶ オーストラリアは英語を母国語とし、イギリス連邦に属する海洋国家で、日本、アメリカ、イギリスの海洋戦略と親和性がある

❷ 以前は中国市場を最重視していたが、最近は経済的不利益にもかかわらず対中関係を見直し始めた

❸ 外交的にはアメリカとの同盟に加え、日本とも事実上の準同盟関係に入るなど、対外政策を見直している

❹オーストラリアは急速に多民族化しつつあり、先住民との和解や移民対策なども進めている

宮家の解説

①受刑者が作った国という誤解

　オーストラリアを最初に訪れたヨーロッパ人は、17世紀初めのオランダ人でした。でも、初めてシドニーのボタニー湾に本格的な植民地を作ったのは18世紀のスコットランド人ジェームズ・クックです。この地は、当時独立したアメリカに代わり、イギリスの流罪植民地となりました。

　確かに、初期移民団1030人の内、736人は囚人でしたが、当時の受刑者の多くは軽犯罪を犯した貧困層だったらしく、刑期が終われば多くは自由人として現地に留まりました。その後、本国政府は方針を変え、新たに自由移民を募ってオーストラリアでの開拓を進めます。「受刑者の国」説は俗説です。

②「白豪主義」は今昔の感

　白人入植以降、先住民族アボリジニが虐殺されたことは悲しい事実ですが、今のオーストラリアはもはや人種差別の国ではありません。政府は1973年に「白豪主義」を放棄しました。今日シドニーの街を歩けば、インド系、中国系、アラブ系など多くの非白人移民が街を闊歩しています。

③資源大国のオーストラリア経済

　主力は羊毛、牛肉、羊肉、小麦、ホップ、青果物など多彩ですし、鉱物資源も豊富で、鉄鉱石、ボーキサイト、チタン、ウラン、金、オパールが採れるなど、オーストラリアは資源大国です。その意味で、過去のオーストラリア政府が巨大な輸出先である中国を重視したのも当然と言えるでしょう。

④対中関係の見直し

　1972年12月、労働党政権が電撃的に対中国交回復を断行して以降、オーストラリアは超党派で親中外交路線をとりました。こうした傾向は1996年に保守連合政権が誕生しても大きくは変わらず、オーストラリアは対米同盟関係と対中資源輸出の狭間で是々非々の立場を維持しました。

　しかし、**最近は香港での民主化運動弾圧、コロナ問題、中国のオーストラリア内政への干渉などの様々な悪影響もあり、国内では反中感情が噴出したため、アボット政権以降は従来の対中配慮政策を大きく転換していきました。**

中国の安全保障上の懸念とオーストラリア政府の対応

中国の安全保障上の懸念	オーストラリア政府の対応
2015年、地方政府が中国企業とダーウィン港の賃貸契約を締結	▶外国投資・不動産買収規制改正(2015年) →中国企業による農地買収や電力公社の買収を阻止 ▶重要インフラ保安法成立(2018年) →電力、港湾、水力、ガスの重要インフラに関する国家安全保障上のリスク管理
2017年、中国寄りの発言を行った上院議員が、中国人実業家の支援を受けていたことが発覚し、議員を辞任	▶外国影響力透明化法成立(2018年) →外国政府または外国企業に代わって政治的な活動を行う際に、各種情報の登録・開示を義務化
2018年、ビクトリア州が中国と独自に「一帯一路」構想参加協定を締結	▶外国関係法成立(2020年) →地方政府、大学などが外国政府と取り決めを締結する際の外務大臣への事前通知及び外務大臣からの承認取得を義務化 →ビクトリア州が中国と独自に結んだ「一帯一路」構想参加協定を破棄 →地方政府が中国企業と締結したダーウィン港の賃借契約について、利用制限を含めた見直しを検討

出所)財務省・吉田有希「ターンブル政権時及びモリソン政権時における中国の安全保障上の懸念と豪州政府の対応」を参考に作成

⑤安全保障政策の大転換

　最近、オーストラリアでは、従来の外交安保政策を見直す動きがあります。これまでは経済成長を重視するあまり、安全保障のコストを軽視したという反省もありました。この点は過去日本でも同様の議論があり、安倍晋三政権の時代に従来の軽武装、経済成長重視路線が見直されています。

　日本とオーストラリアで対中外交の戦略的見直しが進んだ最大の理由は、中国の軍事技術の飛躍的向上に伴い、日本、オーストラリアとも中国との安全保障上の「距離のメリット」が失われたことが大きいでしょう。日本とオーストラリアにとって、中国による東シナ海、南シナ海での軍事活動は潜在的脅威として顕在化しているようです。

⑥対米同盟、対日準同盟の強化

　中国への過度の依存を反省しつつあるオーストラリアは、近年、アメリカやイギリスとの同盟関係を見直してきています。

　第1は、2021年9月のAUKUSの創設です。オーストラリア、イギリス、アメリカの首脳が「強化された3カ国間安全保障パートナーシップ」の創設を発表し、イギリス、アメリカがオーストラリアに8隻の原子力潜水艦の供

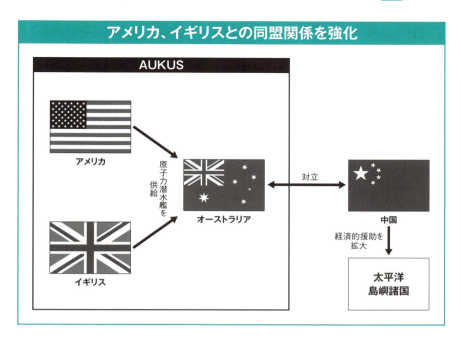

アメリカ、イギリスとの同盟関係を強化

給を約束しました。第2は、2022年1月の「日豪円滑化協定」の署名です。この協定は相互訪問する両国の軍隊の地位を定めたものですが、これは事実上、「日豪地位協定」とも言えるでしょう。第3は、同年5月のQUAD首脳会議の東京開催です。QUAD自体は軍事同盟ではなく、あくまでインドを関与させるための枠組みに過ぎませんが、そうした枠組みはインドを過度に中露側に傾斜させないための政治的な枠組みであり、今後、インド太平洋地域の安定にとって決定的な役割を果たすことが期待されています。

宮家の採点

悪魔のささやき
- ❶× オーストラリアの対中政策は一線を越えたのではないか
- ❷○ 今後ともオーストラリア経済界が中国市場に対する関心を失うことはない
- ❸○ 他方、安全保障面ではオーストラリアはルビコン川を渡ったようだ
- ❹○ オーストラリアは急速に多民族移民国家になりつつある

天使のさえずり
- ❶○ 但し、オーストラリア人が自らを海洋国家と考えているかは不明
- ❷○ オーストラリアの対中政策は不可逆的ではないか
- ❸○ 日豪関係は準同盟と考えて良いだろう
- ❹○ オーストラリアの先住民との和解努力は真摯である

ブラジルなど中南米諸国▶▶▶
アメリカの足元で反米左翼政権が増えている？

　アメリカ外交の優先順位が、ヨーロッパから中東、インド太平洋に移りつつある中、足元の中南米諸国では近年、静かにではありますが、反米左翼政権が増えつつあるようです。また最近では、アメリカに代わって中国の影響力が拡大しているとも言われています。アメリカの対中南米政策のどこに問題があるのでしょうか。

 悪魔のささやき

❶ アルゼンチンを除けば、最近中南米ではメキシコ、チリ、ブラジルなど格差是正を訴える左派候補が現職右派候補に勝利する例が相次いでおり、主要国の多くは左派政権となりつつある

❷ こうした傾向は外交面でも見られ、反米・嫌米姿勢を強める中南米主要国が今後、中国やロシアに接近したり、ロシアのウクライナ侵攻や中国の台湾政策に、より宥和的となる恐れもある

❸ 一方、ブラジルを含め多くの中南米諸国では、資源価格低下とコロナ禍などで経済的困難に喘ぐ貧困層とポピュリスト的傾向のある保守層に分裂しつつあり、両者の対立が解消される見込みは薄い

❹ 中南米各国の社会的分断が進む中、左派政権が社会主義的政策を進めれば、これに対する保守層からの反発も高まるので、中南米地域の政治的・社会的混乱は当面続くだろう

 天使のさえずり

❶ 保守系大衆迎合大統領が、極端な新型コロナ対策を続けたブラジルでの左派政権誕生は当然である

❷ 中南米での貧富の格差は構造的なものであり、左派政権には多くの国民の支持を得た正統性がある

❸ 中南米諸国の親中・親露政策は伝統的反米・嫌米感情の反動であり、こした傾向が今後も変わる可能性は低い

❹ 問題の本質は中南米各国内の政治的・社会的環境であり、地道な改革の努力以外に解決策はない

宮家の解説

① 中南米をめぐるアメリカとスペインの対立

　1776年のアメリカ独立宣言当時、中南米は基本的にスペインの支配下にありました。しかし、ナポレオンの台頭後、ヨーロッパでは政治的混乱が続き、1810〜20年代には、独立運動が頻発した中南米のスペイン植民地で多くの国が独立していきます[9]。

　アメリカが中南米諸国への影響力を強めたのはこの頃からで、1823年には第5代**モンロー大統領**が、**「アメリカはヨーロッパ諸国に干渉しないが、ヨーロッパのアメリカ大陸全域に対する干渉にも反対」する「モンロー宣言」を発表します。その主目的はスペインの中南米への影響力の排除でした。**

② 中南米はアメリカの裏庭

　19世紀末には、最後のスペイン植民地**キューバの独立運動**をアメリカが支援します。1898年に起きた**アメリカ・スペイン戦争**ではアメリカが勝利し、スペインは南北アメリカ大陸への影響力を事実上失います。その後、アメリカは原材料の供給地や工業製品の輸出市場として中南米諸国を重視し、同地域は事実上**アメリカの裏庭**となっていきます。

③ 中南米はアメリカが嫌い

　裏庭と見下されれば、中南米諸国が面白いはずはありません。中南米諸国の反米・嫌米感情は歴史的、構造的なものです。しかし、それだけでは最近の中南米主要国での左翼政権の誕生を説明できません。最近のアメリカの対中南米関係が悪化した原因は第1期トランプ政権だったという見方もあります。

　トランプは中南米を重視せず、財政的支援を削減し人道支援を中断しただけでなく、**TPP**からも離脱したことで、中南米諸国の不審を買いました[10]。この傾向は第2期トランプ政権でも続くでしょう。

④ 中国の影響力が拡大

　中国の対中南米貿易が拡大しています。アンデス諸国産の銅、アルゼンチン産の穀物、ブラジル産の食肉などの輸入が急増し、今やメキシコ以外の中南米諸国にとって中国はアメリカを上回る最大の貿易相手国となっていま

[9] https://www.nhk.or.jp/kokokoza/sekaishi/contents/resume/resume_0000000746.html?lib=on
[10] https://jp.reuters.com/article/biden-latam-china-idJPKBN28P0JW

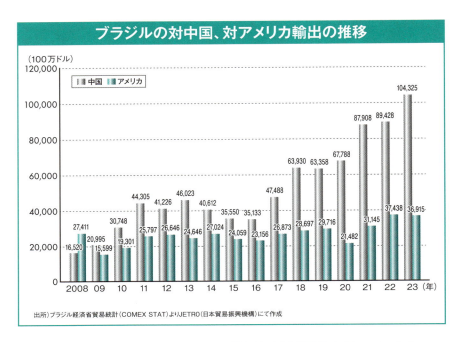

す。しかも、中国は中南米に対し大規模投資や低利融資も行っています。

　負債を抱えた中南米諸国経済はコロナ禍で疲弊しており、中国からの巨額資金は重要な生命線となっています。これに対し、トランプ政権はメキシコや中国に対する貿易赤字削減ばかりに執着し、中南米地域との関係強化には消極的でした。これではアメリカは中国に追い付けません。

⑤ブラジル内政の悪循環

　続いて2022年の大統領選挙で政権が交代したブラジルに焦点を当てましょう。長く親米反共軍事独裁政権が続いたブラジルも1985年、ようやく民政移管しました。しかし、その後も右派政権が新自由主義的経済、緊縮財政、親米外交などを進めては汚職・腐敗が深刻化して人気を失い、それを批判する左派政権と交代する、という悪循環が続きました。

　2003年には貧困・格差拡大に反発した左派のルーラ大統領が就任し、富の再分配を重視した貧困撲滅政策を実行しましたが、その後のブラジル内政は汚職事件続発などで混乱しました。2019年には「ブラジルのトランプ」と揶揄された保守系のボルソナーロ大統領が就任しましたが、コロナ禍拡大などで人心が離れ、2022年の大統領選では左派のルーラ元大統領が当選しています。

不正・汚職疑惑が後を絶たないブラジルの内政

1985年	3月、民政移管（サルネイ政権）
1985年	ブラジルの悪夢の時代。1990年代前半には、インフレが年率1000％を超える（～1995年）
1995年	カルドーゾ政権がハイパーインフレを2年で8％以内に収束。その後は4％台に抑え込み、経済の安定を実現（～2002年）
2003年	1月、左派のルーラ（労働者党）政権が発足。BRICSのリーダーとしての役割を見事に果たす。支持率80％という圧倒的な人気を誇ったが2期8年で退任
2005年	IMF債務を繰り上げ返済
2011年	左派のルセーフ政権が発足。何事も冷徹に決めることから「鉄の女」と呼ばれ、ルーラ前大統領の政策を継続したが、2015年後半から不正会計処理をめぐって大統領弾劾の動きが活発化
2016年	8月、ルセーフ大統領の弾劾成立
2016年	8月、テメル大統領代行が大統領に就任。テメル政権が発足。長引く不況と閣僚の不正が次々に明るみになるなど、国民の不信感が増大する中、主に財政健全化、労働制度改革、政治改革・選挙制度見直しに取り組み一定の成果をあげる
2019年	1月、右派のボルソナーロ政権が発足。新型コロナウイルスの感染拡大などで国民の求心力を失う。次々に汚職疑惑が持ち上がり、政権の支持率が急落
2022年	10月、左派のルーラ元大統領が、決選投票で現職のボルソナーロ大統領を破り当選

出所）島田晴雄「カルドーゾ、ルーラ政権と続いたブラジルの繁栄」（テンミニッツTV）などを参考に作成

⑥ 今後も政権交代は続く？

　ブラジルの内政は政権党の失政による不安定化の悪循環が特徴で、2019年大統領選では左派候補が敗北しましたが、右派の新大統領は新型コロナウイルス大流行の際のちぐはぐな対応もあり、3年後には再び左派政権の誕生を許しました。一方、2023年12月にはアルゼンチンでこれと逆の動きがあり、リバタリアン系のポピュリスト候補が左派系の大統領候補を破り、大統領に当選しています。中南米の民主主義も捨てたものではありませんね。

宮家の採点

悪魔のささやき
- ❶ ○ 事実関係としては正しいが、左派政権が全て悪い訳ではない
- ❷ ○ 左右勢力の政権交代で外交政策も変化するのは事実である
- ❸ ○ この点では中南米諸国もアメリカとあまり変わらない
- ❹ ○ 中南米各国の内政の混乱は当面続くだろう

天使のさえずり
- ❶ △ ブラジルの政権交代は個人的というよりも構造的なものである
- ❷ △ 左派にも汚職の問題はあり、左派なら正統性がある訳ではない
- ❸ × 親中露政策はあくまで戦術的であり、今後変わり得るものだ
- ❹ ○ 各国内の政治的、社会的環境を変えない限り悪循環は止まらない

第4章 ワールドワイド編

サイバー戦 ▶▶▶
日本はこの種の脅威に対しあまりにお粗末

　最近、世界各地で戦争の戦い方が急速に変化しています。これまでの陸海空という3次元の戦闘行動はもはや時代後れとなり、陸海空に加え**サイバー**、**宇宙**、**電磁波**の世界で新たな戦い方が模索され、一部は既に実行されています。また、世界では、真偽不明のフェイクニュースや偽情報が増えていますが、これも情報戦の一部と見るべきです。

 悪魔のささやき

❶ 軍事面でのサイバー戦能力で世界の先端を行くのは、アメリカ、中国、ロシア、イスラエル、イラン、北朝鮮などであり、日本のサイバー防衛・攻撃能力のレベルは、こうした国々の足元にも及ばない

❷ 政治面では、2016年のアメリカ大統領選のように、敵対する国家の選挙で特定候補に有利または不利な偽情報を拡散し、不正に機微な情報を入手した後に公開するなどして、選挙結果を左右することも可能

❸ 経済面では、ハッキングなどにより企業秘密情報を窃取する、企業のサーバーを乗っ取って使用不能にして身代金を要求するなどの行為が含まれ、特に日本企業はこの種の脅威に対し脆弱である

❹ 文化面では、敵対国の一般国民に対し特定の歴史観を宣伝する、自国に有利な情報を意図的に拡散することにより、中長期的に相手国政府や国民に事実とは異なる印象を刷り込もうとしている

 天使のさえずり

❶ 残念ながら、上記の「悪魔のささやき」は全て事実であり、日本は抜本的対策を早急に講じる必要がある

❷ サイバー戦を含む情報戦戦闘能力の向上は当然だが、今後は政治面での偽情報対策が必要となる

❸ 経済面では、軍事と同様、サイバー攻撃からの企業防衛に多大なコストがかかることを自覚すべし

[1] 〈解説〉「グレーゾーンの事態」と「ハイブリッド戦」とは（「令和2年版 防衛白書」）
(http://www.clearing.mod.go.jp/hakusho_data/2020/pdf/R02010100.pdf)

❹ 南京事件、慰安婦問題などのいわゆる「歴史問題」は文化面での情報戦の典型例と言うべきである

宮家の解説

① 変わりつつある戦場

近年戦争の概念は大きく変わりました。少なくとも、「正規軍」を使い、「宣戦布告」を行い、「戦時国際法」を尊重し、陸海空の「3次元」のみで戦い、「講和条約」をもって終結する「従来型戦争」はあまり起きないかもしれません。仮に起きるとしても、それは最終段階の話でしょう。

ウクライナ戦争においては、有人戦闘機、戦車・火砲などの従来装備による陸海空の戦闘と同時に、サイバー、宇宙、電磁波などの新領域における戦闘も行われています。今後は「グレーゾーン事態」や「ハイブリッド戦争」を如何に優位に戦うかで戦場での優劣は決まるでしょう。

② グレーゾーン事態とは何か

この概念が広まったのは比較的最近のことです。一般に「グレーゾーン事態」とは「純然たる平時でも有事でもない事態であり、領土や主権、経済権益などをめぐる主張の対立を背景とした、武力攻撃事態と認定が困難な主権侵害、あるいはその発生の可能性が高い事態」と理解されています。要するに、白（平時）でも黒（有事）でもないという趣旨でしょう。日本の「防衛白書」は、「**例えば、国家間において、領土、主権、海洋を含む経済権益などについて主張の対立があり、少なくとも一方の当事者が、武力攻撃に当たらない範囲で、実力組織などを用いて、問題にかかわる地域において頻繁にプレゼンスを示すことなどにより、現状の変更を試み、自国の主張・要求の受け入れを強要しようとする行為が行われる状況**[11]」と説明しています。

③ ハイブリッド戦争とは何か[12]

「防衛白書」では、「軍事と非軍事の境界を意図的に曖昧にした現状変更の手法であり、（中略）相手方に軍事面にとどまらない複雑な対応を強いることになります。例えば、**国籍を隠した不明部隊を用いた作戦、サイバー攻撃による通信・重要インフラの妨害、インターネットやメディアを通じた偽情報の流布などによる影響工作**を複合的に用いた手法」と説明しています。

この戦法は外形上、「武力行使」と明確には認定し難いため、軍の初動対

[12]「台湾有事とハイブリッド戦争」（大澤淳）（https://www.spf.org/iina/articles/osawa_02.html）

戦争スタイルの変化

従来型の陸海空という3次元の戦闘行動は時代後れ

ハイブリッド戦争

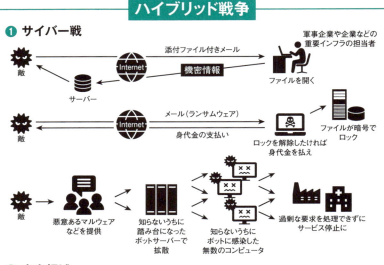

❶ サイバー戦

❷ 宇宙領域

日本	アメリカ	中国・ロシア
2020年、宇宙作戦隊が新設(自衛隊)。日本の人工衛星を守るための宇宙状況監視が主な任務。人工衛星に被害を与えるスペースデブリや不審な人工衛星の動き、電子機器に影響を及ぼす恐れのある太陽活動、地球に飛来する隕石などの脅威を監視する活動である。	2019年、トランプ大統領(当時)が宇宙軍を創設。宇宙空間を新たな戦闘領域として活動強化を図ることが狙い。宇宙インフラを敵の攻撃から守ることで宇宙空間における優位性を確立・維持する。宇宙の安定的な利用の確保が安全保障上の課題となっている。	中国は2007年、地上のミサイルで衛星を破壊する実験に成功。2015年には、サイバー空間や衛星防衛を担う戦略支援部隊(現・軍事宇宙部隊・サイバー空間部隊)を人民解放軍に新設。ロシアは2015年、航空宇宙軍を創設。中露はアメリカのGPSに頼らない衛星測位システムも実用化している。

❸ 電子・電磁波領域

アメリカ	中国	ロシア
2020年にアメリカ国防省が公表した「電磁スペクトラム優勢戦略」において、電磁波領域における行動の自由を確保することがあらゆる領域での作戦を成功させる上で重要としている。ロシア軍の電子戦装備を念頭に、厳しい電子戦環境下での使用を前提とする装備品を開発している。	電子戦戦略では、敵の電子機器を抑制、劣化、破壊に重点を置いている。また、複雑な電磁環境下において任務を遂行できるよう対抗演習形式で訓練を実施し、実戦的な能力を向上させている。中国軍はこのような訓練の機会を捉え、電子戦兵器の研究開発成果を評価している。	地上軍を主力とし五つの電子戦旅団が存在するとされる。多種類の電子戦装備を保有し、一元的に統制する電子戦システム「ビリーナ」や、周囲約1000kmに所在する無線通信及び電子偵察システムを妨害可能な「パランティン」、またAIを搭載したシステムの開発・配備を進めている。

出所)②と③は防衛省「令和4年版 防衛白書」

応を遅らせるなど相手方の対応を困難にすると共に、自国の関与を否定することが可能です。典型例はロシアによるクリミア侵攻作戦ですね。

④ウクライナ戦争で何が起こったのか

　第１段階は、平時から行われる情報戦・心理戦です。特に、情報戦ではディスインフォメーション（虚偽の情報）を流布し、相手国の社会の分断や政府機関の信用失墜を試みます。第２段階は、**戦争初期のサイバー戦**です。ウクライナ戦争でロシアは、通常兵器による戦闘が始まる前に、**ウクライナ国内の電力網や通信網などの重要インフラを麻痺させ、政府機能を混乱させ、相手の継戦意思を失わせる**べく、サイバー攻撃を仕掛けました。最後の**第３段階が、通常兵力による戦闘行為**です。しかし、この段階でも、サイバー戦などによる戦闘は通常兵器による戦闘と並行して続きます。

⑤中国は台湾侵攻をどう戦うか

　ロシアと同様、中国も「グレーゾーン」「ハイブリッド」を重視しており、台湾侵攻を決意すれば、通常兵器による戦闘開始の遥か前から、正規軍だけでなく、海上民兵、特殊部隊、沿岸警備隊、サイバー部隊、宇宙戦部隊など、これまでにない新たな軍種、兵器システムを投入するでしょう。

⑥日米はハイブリッド戦争に勝てるか

　このような新時代の「戦争」を抑止するには、従来と異なる新しい戦い方が必要になります。特に、**日本の送電網、ダム、病院などに対するサイバー攻撃が懸念されますが、日本はこの種の攻撃に脆弱です**。日本のサイバー戦は「専守防衛」が基本で、ハッキングのような「違法」な攻撃はせず、攻撃者の特定も関係国の警察に協力要請するだけだからです。

宮家の採点

悪魔のささやき
❶◎ 残念ながら日本のサイバー戦能力は開発途上と言わざるを得ない
❷○ でも2020年の大統領選に対するサイバー攻撃は成功とは言えない
❸○ サイバー防御の意識は高まっているが、コストがかかるのも事実
❹◎ 日本は中国、ロシアの対日情報戦に対する警戒感があまりに低い

天使のさえずり
❶◎ 全て正しい
❷◎ 全て正しい
❸◎ 全て正しい
❹◎ 全て正しい

国際連合など国際機関 ▶▶▶
国連に代わってG7やNATOが一定の役割を果たしている

　日本外交の基本は国連中心ですが、**安全保障理事会（安保理）の常任理事国**ではない日本に**拒否権**はありません。こうした矛盾はドイツ、インド、ブラジルなど他の有力国も同じですが、実効性のある国連改革は可能でしょうか。また、2019年末以降の新型コロナ禍では本来中立であるはずのWHO（世界保健機関）が中国に政治的配慮を行った可能性が取り沙汰されました。国際機関が政治的中立を確保するには何が必要でしょうか。

 悪魔のささやき

❶ 拒否権を有するロシアと中国が外交面で自己主張を強めつつある中、国連、特に安全保障理事会は事実上機能停止状態にあり、国連は当初期待された国際平和のための役割を果たせていない

❷ これまでも国連改革の必要性は何度も議論されてきたが、拒否権などの既得権を失いたくない常任理事国、特にロシアと中国が安保理改革に消極的であり、改革が実現する可能性は当面ない

❸ 国連事務局自体も官僚化の弊害が著しく、多くの途上国で元官僚・閣僚の再就職先と化している事例も少なくないので、国連が組織として効率的に機能することは期待できない

❹ パンデミックの際に明らかになった通り、国連など国際機関に対する中国の圧力や働きかけは巧妙かつ組織的であり、最近はWHOに限らず、一部国際機関では中国の意に沿った事務局の動きすら見られる

 天使のさえずり

❶ 不完全とはいえ、人類にとって世界各国が一堂に会する国際機関は国連しかないのが現実である

❷ しかし、力による現状変更を志向する中国とロシアが拒否権をもつ以上、当面「国連改革」は実現しそうにない

❸ 改革が実現するまでの間は、現行の国連を最大限活用し、次の新たな段

階での改革に備えるべきである

❹ 中国を非難するのは容易だが、それよりも日本が国際機関での存在感、影響力を高める努力が必要

 宮家の解説

① なぜ国連は機能しなくなったのか

　それは誕生前から国連に構造上の重大な欠陥があったからです。第2次世界大戦で日独伊などと戦う際、米英仏など連合国にはソ連の関与がどうしても必要でした。しかし、アメリカは戦争終了前から、信用できない同僚であったソ連と、戦後新たな対立構造が生まれることを覚悟していたはず。それを承知でアメリカは国連を作り、ソ連に拒否権を与えたのです。

　でも、やはり国連は必要です。拒否権という構造矛盾にもかかわらず、国連が第2次大戦後の世界で、国際協力、自由、人権、平和共存などの普遍的価値が共有される流れをリードしてきたことは間違いないからです。

② ロシアと中国は安保理常任理事国となる正統性があるのか

　国連発足当時の原常任理事国の中にソ連と中華民国がいたことは事実ですが、その後、**中華人民共和国の国連加盟とソ連崩壊によるロシア連邦の誕生により、両常任理事国の地位は中華民国から中華人民共和国へ、ソ連からロシア連邦へ、それぞれ引き継がれたとするのが国際法上の整理です。**

　こうした取り扱いに違和感をもたれる向きがあることは理解できますが、これは当時、国連内で侃々諤々の議論を経て法的に整理されたものであり、「正統性がない」とまでは言い切れません。また、**拒否権を濫用するロシアと中国を国連から排除しても、問題は解決しないでしょう。**不十分ではありますが、国連以外の場で物事を決めるという点では、既にG7やNATOが一定の役割を果たしています。

③ 国連憲章の旧「敵国条項」を撤廃できないのはなぜか

　旧「敵国条項」も、日本を含む一部の国にとっては国連が抱える懸案の一つです。しかし、この問題も、安保理改革、国連廃止論、新国連設立論などと同様、一連の法的作業を伴います。**旧「敵国条項」のように1995年に国連総会などで「時代後れ」とされ、その削除が正式に約束されたものですら憲章改定には至っていません。真の理由は既得権の喪失を恐れる中国、ロシ

アの反対なのですから、問題の根は実は同じなのです。

④国連軍とPKO

国連憲章が制定当初想定した第7章の強制行動型「国連軍」は一度も設置されていません。その例外が1950年の「朝鮮国連軍」ですが、詳細は既に韓国の項に書きましたので、ここでは繰り返しません。いずれにせよ、「朝鮮国連軍」以降、国連が設置する武装組織は「平和維持軍」「停戦監視団」など直接戦闘に関与することを目的としない軽武装の部隊に過ぎません。

⑤日本の国連分担金と日本人職員数

日本は毎年全体の約8％という、アメリカ、中国に次ぐ第3位の額の分担金を国連に拠出しており、2024年にその額は約2億5300万ドルに上っています。それにもかかわらず、これまでは国連の関連機関で働く専門職以上の日本人幹部職員数は悲しいほど伸び悩んでいました。しかし最近は、1995年に404人、2001年に485人だった日本人職員数が2023年末で958人にまで増え、しかもその6割強の604人が女性です。ちなみに、日本政府の目標は2025年までに1000人達成です。

⑥国際機関の事務局長ポストを射止める方法

国連外交の要諦は、国際機関の事務局長ポストを獲ることに尽きます。事

国連分担金の多い国（2024年）

順位	国名	分担率(%)	分担金額(百万米ドル)
1	アメリカ	22.000	762.4
2	中国	15.254	480.6
3	日本	8.033	253.1
4	ドイツ	6.111	192.6
5	イギリス	4.375	137.9
6	フランス	4.318	136.1
7	イタリア	3.189	100.5
8	カナダ	2.628	82.8
9	韓国	2.574	81.1
10	スペイン	2.134	67.2

出所）外務省「2022年〜2024年　国連通常予算分担率・分担金」

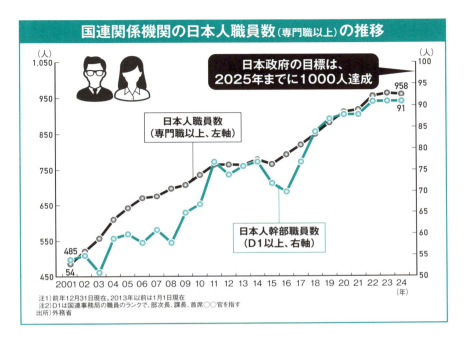

務局長が難しければ、総会議長のポストを獲る。それがダメなら主要国グループに入る……。そうやって多数化工作するのが基本ですが、中でも事務局長ポスト選挙に勝つか、負けるかでは雲泥の差があります。

事務局長選挙で勝つ要諦は、何よりも世界に通用する人材、プレゼンテーション能力のある人を育てることです。こうした人材を国内で、長期的、組織的に養成する必要があります。主要国ではとっくにやっていることです。

宮家の採点

悪魔のささやき
1. ○ 国連の機能不全は既に慢性化している
2. ○ 中国、ロシアの既得権に対する執着は尋常ではない
3. ○ 日本はもっと日本人を送り込む権利がある
4. ○ 但し、各国とも大なり小なりやっていること

天使のさえずり
1. ○ そうは言っても、腐っても国連である
2. ○ 国連改革は中長期的課題
3. ○ 日本は次のチャンスを狙うべし
4. ○ 他国を非難するより、自国の国益を最大化せよ

軍縮・軍拡 ▶▶▶
核抑止論は理論というよりも信仰に近い

　軍縮は「ディスアーマメント」の訳ですが、アメリカ政府はこの言葉を使いません。軍事技術の進歩は日進月歩ですから、軍備を縮小・廃止することは現実問題としてできない。できるとすれば、それは軍縮ではなく、軍備管理（アームズ・コントロール）だと考えているからです。百歩譲ってそれが軍備管理だとしても、歩みは遅々として進みません。今後もこのようなペースでしか進まないなら、**核軍縮**など不可能なのでしょうか。

 悪魔のささやき

❶ インド・パキスタンの核兵器保有、北朝鮮の核兵器開発、イランの核開発疑惑など、今世界では核兵器の拡散が進んでおり、NPT（核兵器の不拡散に関する条約）体制はもはや風前の灯である

❷ 武器・兵器システムの技術的向上は日進月歩であり、最新兵器の縮小・廃止に前向きな国家は少なく、軍備管理の対象となる兵器システムの多くも、時と共に陳腐化するので、交渉は常に後手後手となる

❸ そもそも、アメリカは「軍縮」ではなく「軍備管理」を使用するなど、現実の国際政治では「軍拡」が進んでおり、交渉によって核兵器を含む軍備が縮小・廃止される例はむしろ稀である

❹ 通常兵器でNATO側に敵わないロシアは核兵器の近代化を進め、中国は数千発の核兵器を持つアメリカ、ロシアと核兵器のパリティ（対等化）を実現すべく、保有核弾頭の大幅増大を目指している

 天使のさえずり

❶ 軍備をゼロにすることはできないが、それを管理することで大規模な紛争の発生を抑止することは可能

❷ 同様に、軍拡競争を止めることも難しいが、そのプロセスを減速させることは決して不可能ではない

❸ その意味で、軍備管理の歴史とは、軍拡のスピードを遅らせる歴史だ

が、それでも一定の意義はある
❹ 過去には、実際に核開発を断念した国もあったので、粘り強く働きかけるしかない

 宮家の解説

①核兵器はなぜなくならない？

日本は世界で唯一核兵器による攻撃を受けた国ですから、一般国民の核兵器に対するアレルギーも当然世界一です。しかし、誤解を恐れずに申し上げますが、残念ながら、日本以外の国にはそのような特別な感情はありません。ここが核兵器廃絶に関する議論の最も難しいところなのです。

日本人には受け入れ難いことですが、**日本以外の国の多くの軍や安全保障の専門家にとって、核兵器は戦争を抑止するために必要な武器の一つでしかありません**。もちろん、核兵器の使用がもたらす悲惨さを理解していない訳ではないのですが、**絶対に使用できない兵器だとは思っていないのです。**

②NPT体制は続くのか

NPTは1968年に署名、1970年に発効し、締約国数は191カ国・地域あり

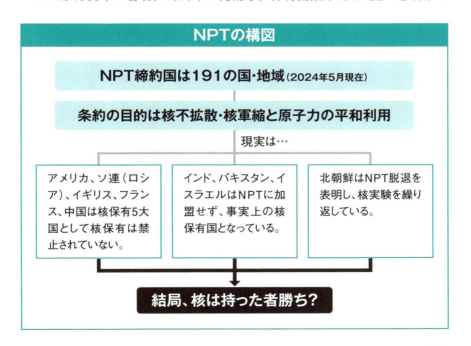

ますが、インド、パキスタン、イスラエル、南スーダンは未加盟です。

　条約の目的は「核不拡散、核軍縮と原子力の平和利用」となっていますが、最大の問題は、同条約が米露英仏中5カ国を「核兵器国」と定める一方、「核兵器国」以外への核兵器の拡散防止を定めるのみで、「核兵器国」の核保有そのものは禁止していないことです。残念ながら、**これは条約発効当時の核兵器をめぐる国際政治的現実を追認したものであり、NPT体制の存続と発展・強化にとって大きな障害となっています**。

③核兵器を放棄した国

　それでも、NPT体制は決して無意味ではありません。南アフリカは保有していた核兵器を放棄して1991年に加入しましたし、1992年にはフランスと中国が、更に1994年までにベラルーシ、ウクライナ、カザフスタンが核兵器をロシアに移転してNPTに加入しました。その後もアルゼンチン、ブラジル、キューバ、東ティモール、モンテネグロ、パレスチナが加入しており、NPT体制はそれなりに拡大を続けています。

④核開発を続ける国

　一方、懸念すべき動きも幾つかあります。まずは、NPTの非締約国であるインドとパキスタンが相次いで核兵器の保有を宣言したことです。更に困ったことは、締約国でありながら、条約上の義務を履行しないケースが出てきました。具体的には、1991年にイラクで、1993年には北朝鮮で、更に最近ではイランで、それぞれ核兵器開発の疑惑が表面化し、大きな問題となりました。

　幸いイラクについては核開発が続くことはありませんでしたが、北朝鮮はその後も弾道ミサイルの開発と核実験を続け、今や事実上の核保有国となっています。また、イランについては2015年の「**イラン核合意**」により一定の歯止めがかかりましたが、2018年にアメリカの第1期トランプ政権が同合意から離脱したため、イラン核開発疑惑は必ずしも解消していません。

⑤核抑止論は今でも有効か

　核抑止論の専門家には失礼ですが、**核抑止論は理論よりも信仰に近い**と私は考えています。例えば、「相互確証破壊」理論では、「一方の国家が全面核攻撃を仕掛ければ、相手の核兵器によって自国も確実に破壊されるので、核攻撃は抑止される」というのですが、それはあくまで双方が合理的判断を下すことを前提とする、一種の「頭の体操」なのだと思います。

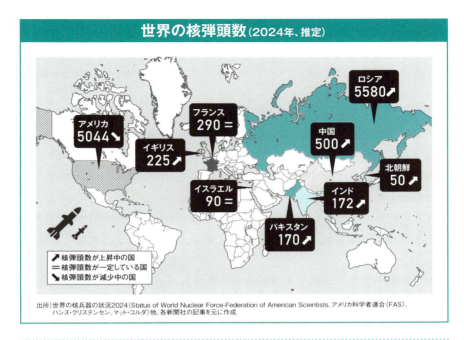

⑥ アメリカ、ロシアに追い付こうとする中国

　私が最も懸念するのは、最近の中国核戦力の飛躍的向上です。中国の核兵器数が例えば1000発を超え、数千発持つと言われるアメリカやロシアと肩を並べるレベルに近付けば、核軍縮交渉もアメリカ、ロシアだけでなく、中国を加えた３次元方程式となる可能性があります。そうなれば、合意形成には従来以上の複雑な交渉が必要となり、核抑止力の効果は減殺されていくかもしれません。

宮家の採点

悪魔のささやき
- ❶ △ NPT体制は核軍縮の最後の砦である
- ❷ ○ 核軍縮の世界は日進月歩である
- ❸ ○ 核の軍備管理とは核開発の速度を落とすことである
- ❹ ○ 中国の核戦力が米露に追い付いた時が最も危険かもしれない

天使のさえずり
- ❶ ○ 現実的な正論である
- ❷ ○ その努力こそが大切である
- ❸ ○ 不拡散の努力を止めれば、世界は一層危険になる
- ❹ ○ 不拡散は決して不可能ではない

世界の紛争 ▶▶▶
大国が関与しないと抑止や停戦は難しい

今も世界では数多くの戦争・紛争が発生し、かつ継続しています。数え方にもよりますが、現在、少なくとも50以上の戦争・紛争が続いており、その殆どは終結の見込みの立たないものです。なぜ、これほど多くの戦争・紛争が起きるのか。どうすれば戦争・紛争の勃発を抑止できるのか。本項では世界の紛争を原因別に分類します。

 悪魔のささやき

❶ 人類の歴史の中で紛争をなくすことは現実問題として極めて困難であり、現時点では、そうした紛争の種が実際に物理的な衝突に発展しないよう、如何に紛争を抑止できるかを考えることしかできない

❷ 抑止の本質は、必ずしも軍事力で仮想敵国を圧倒することではなく、当該国に、「勝てる」と思った武力攻撃が成功せず、逆に耐え難い損害を被ると思わせることであり、それには一定の軍事力で十分である

❸ 戦争・紛争に様々な段階がある以上、抑止にも戦略核レベル、戦術核レベル、通常兵器レベル、非正規戦レベルがあるが、どのレベルの抑止手段も他のレベルの戦争・紛争を抑止する代替策にはならない

❹ 特に、非正規戦、対テロ戦争のレベルでの抑止が難しいことは中東やヨーロッパにおける「テロとの闘い」が証明しており、この種の紛争が近い将来、地上からなくなる可能性は極めて低い

 天使のさえずり

❶ 抑止の前提は、相手方が将来について合理的な判断をすることであるが、人間、特に独裁者は往々にして判断を間違える

❷ 特に、絶対的な独裁者が判断を間違えた場合、誰もその判断を再考・矯正させることはできない

❸ 抑止すべき相手に判断を誤らせないためには、常に相手に正確かつ客観的情報を与える必要がある

❹従って、独裁者を抑止するためには、必要にして十分な抑止力と首脳レベルでの意思疎通が不可欠

 宮家の解説

①第2次世界大戦後の混乱

　現在続いている戦争・紛争の内、40年以上の長期にわたって燻り続けているものの多くは、第2次世界大戦後の混乱時に起源をもつ戦争・紛争です。典型例としては、1947年から始まった**インド・パキスタン戦争**と、それに付随する地方での反乱や衝突でしょう。

　それ以外にも、1948年のイスラエル独立を契機に始まった**パレスチナ紛争**は、イスラエルとアラブ諸国間の四度の戦争後も、ヨルダン川西岸地区とガザ地区ではパレスチナ人の抵抗運動が断続的に続いており、中東で最も古い地域紛争の一つとなっています。

　同様の紛争はアジアでも見られます。1948年には**ミャンマーで内戦**が始まり、1962年からインドネシアの**パプア紛争**、1968年からはフィリピンの**モロ紛争**が断続的に続き、現在に至っています。**これらの紛争は、殆どの場**

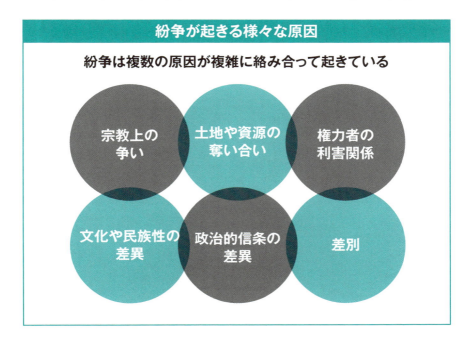

紛争が起きる様々な原因

紛争は複数の原因が複雑に絡み合って起きている

宗教上の争い／土地や資源の奪い合い／権力者の利害関係／文化や民族性の差異／政治的信条の差異／差別

合、東西冷戦とは異なり、大国の直接介入がないことが特徴です。

② 大国が直接介入して起きた戦争

　これとは逆に、アメリカとソ連（ロシア）が直接または間接関与したものの、最終的な解決には至らず、その後内戦の形で軍事的衝突が長引いているケースも少なくありません。この典型例は、1950年に始まり1953年以来休戦となっている**朝鮮戦争**です。

　これ以外で現在も戦闘が続いている例としては、1978年末のソ連侵攻で始まった**アフガニスタン内戦**、2003年にアメリカが開戦した**イラク紛争**、2022年からの**ウクライナ戦争**や2023年からの**イスラエルvs.ハマース（米国・イスラエルvs.イラン代理戦争）**、2024年のアサド政権崩壊後も続く**シリア内戦**などが挙げられます。

③ アラブの春が引き金となった戦争

　次のカテゴリーは、2011年のいわゆる**「アラブの春」**に起因する紛争です。これらも、**シリア内戦**を除き、米露など大国の直接介入はありません。具体的には、2011年の**リビア紛争**、**シナイにおける反乱**、**南スーダンでの民族暴力**、2015年からの**イエメン内戦**、**イスラム国・ターリバーン紛争**などです。

世界で起きている紛争や地域

	開始年	国	地域	累計死亡者数	対立要因
アフガニスタン紛争	1978	アフガニスタン	カーブルより北部	約200万人	アメリカとターリバーン勢力
シリア内戦	2011	シリア	シリア全土	約50万人	シリア政府軍とシリア反体制派
イラク内戦	2003	イラク	イラク全土	約30万人	アメリカとイラク反対勢力
クルド対トルコ紛争	1984	トルコ イラク シリア	クルド人居住地域など	約5万人	トルコ政府とクルド人
リビア内戦	2011	リビア	トリポリなど	約2万人	トリポリ政府とトブルク政府
イエメン内戦	2015	イエメン サウジアラビア	リヤド他	約2万人	ハーディー大統領とホーシ派とアルカーイダ
ウクライナ侵攻	2022	ウクライナ	ウクライナ東部、南部など	1.2万人以上（民間人。2025年1月時点）	ウクライナとロシア
イスラエル・パレスチナ紛争	2023	イスラエル パレスチナ	ガザ地区 ヨルダン川西岸など	約4.5万人（ガザ地区。2024年12月時点）	アラブ人とシオニスト
シリア内戦（激化）	2024	シリア	シリア全土	—	アサド政権と反対勢力

出所）外務省、国連、JETROの資料を元に作成

④麻薬カルテルとの闘い

　麻薬をめぐる紛争は必ずしも国家間の戦争・紛争ではありませんが、例えば、2006年のメキシコ麻薬戦争や2016年のフィリピン麻薬戦争、2018年のバングラデシュ麻薬戦争などは今も断続的に続いています。

⑤アフリカ特有の紛争

　最後の分類はアフリカの紛争であり、**ダルフール紛争**、**マグリブでの暴動**、**ティグレ紛争**、**ソマリア内戦**、**キヴ紛争**、**マリ北部紛争**など、数え上げたらキリがないので、本書では割愛します。

⑥将来の紛争を如何に抑止するか

　アメリカ、ロシアなど大国が介入すれば抑止や終結が難しくなるという懸念もある一方、戦争・紛争の抑止・終結は、大国が介入した方が容易になる場合もあります。**大国が関与すれば大国レベルでの取引が可能となり、紛争を抑止するにせよ、止めるにせよ、大国間で大筋の協議がまとまれば、紛争防止・終結に向け関係国を動かすモメンタム（勢い）を生み易い**からです。

　これに対し、大国が関与しない、すなわち、主要プレーヤーが基本的に地域のプレーヤーのみである場合は、どの国も決定的な軍事力をもたないため、問題の決着がつきにくくなる傾向があります。そうした場合、仮に一時的に大国が介入して停戦・休戦の合意が成立しても、それを保証する力が失われた時点で、地域プレーヤーが再び現状変更を画策し、往々にして停戦合意は破棄され、戦闘が再開されることになります。

　以上の仮説が正しければ、**大国が関与する場合は比較的コントロールが容易ですが、それ以外の場合は抑止や停戦がより難しいかもしれません。**

宮家の採点

悪魔のささやき
- ❶○ 安全保障の本質は抑止である
- ❷○ 急所さえ押さえれば、抑止コストは高くない
- ❸○ 抑止は万能ではない
- ❹○ 正規でない戦争ほど抑止は難しい

天使のさえずり
- ❶○ 抑止が最も難しいのは相手の判断ミスである
- ❷○ 独裁者の過ちは矯正困難である
- ❸○ 相手への正確な情報提供は重要だ
- ❹○ しかし、独裁者との信頼醸成は難しい

グローバルサウスの台頭・BRICS ▶▶▶
多様な途上国の便宜的な集まりに過ぎない？

　最近の流行言葉の一つが「グローバルサウス」です。実はアメリカの学者が1969年に使った意外に古い概念なのですが、その定義は不明確です。英語辞典には「アフリカ、ラテンアメリカ、及びアジアの開発途上地域の諸国」とありますが、こんなもの、定義とは言えません。ちなみに、中国では「全球南方」と訳すそうですが、こんなものが「世界秩序を塗り替え」、国際政治の「極」となるほど、国際情勢は甘くありません。

 悪魔のささやき

❶「グローバルサウス」諸国の多くは、第2次世界大戦まで「植民地」、冷戦時代には「第三世界」「開発途上国」などと呼ばれ、今はその一部が「新興国」と呼ばれ始めている国々である

❷「グローバルサウス」とは、詰まるところ、世界各地の開発途上諸国の集合体に過ぎず、「グローバルサウス」という名の国際組織や事務局はおろか、議長も、責任者も、リーダーも存在しない

❸「グローバルサウス」論が意味するのは、米ソ冷戦時代の「第三世界」諸国が、ソ連崩壊と「米国一人勝ち」時代を経て、相対的発言力を増す一方、欧米諸国の地盤沈下が不可逆的であることである

❹これら諸国の多くでは、今も貧困など経済格差や独裁者・特権階級による政治的腐敗・不安定が続く一方、社会的インフラや公共サービスの整備が遅れ、国内の不安定や混乱が続いている

 天使のさえずり

❶「グローバルサウス」諸国はBRICS、G20など様々な試みを通じて、徐々に、しかし確実に発言力を強めている

❷確かにリーダーは存在しないが、中国、インド、ブラジル、南アフリカなどが主導権争いを続けている

❸G7を中心とする欧米諸国の影響力の低下は現実であり、今後「グローバ

ルサウス」の発言力は増大していく
❹「グローバルサウス」の最終的目標は金銭的利益ではなく、欧米諸国中心の国際政治経済秩序の変更である

 宮家の解説

①「グローバルサウス」とは何なのか

　近年「グローバルサウス」論に注目が集まっていますが、私は敢えて過大評価しないよう努めています。これらの国々を、政治的、経済的、社会的、文化的に詳しく見れば見るほど、「グローバルサウス」諸国に共通する要素があまりにも少ないと思うようになったからです。

　確かに「グローバルサウス」は未だに「一体性」を欠いた勢力に過ぎないのかもしれません。しかし、同時に「グローバルサウス」は、旧宗主国や欧米主導の世界秩序に対する憤怒、嫌悪、違和感を共有しています。

②「グローバルサウス」を政治面で見ると

　過去100年間の国際政治を振り返ってみれば、「グローバルサウス」諸国は「植民地」から「第三世界」「開発途上国」、更には「新興国」へと徐々にでは

主なグローバルサウスの国々

新興国・途上国

アジア
モンゴル／中国／パキスタン　など

アフリカ
エジプト／イラン、イラク／ケニア／南アフリカ　など

インド・東南アジア
インド／フィリピン／タイ　など

太平洋諸国
サモア／フィジー　など

中南米
ブラジル／チリ／キューバ／ペルー　など

グローバルサウスがどこの国を含むか明確な定義はないが、G77の加盟国とみなされることもある

あるが、着実に発展を続けています。となれば、少なくともその一部が国際社会の中で無視できない政治的実力をもちつつあることも否定できません。

でも、こうした最近の変化は、必ずしも「グローバルサウス」諸国の政治的地位向上だけが主たる原因ではありません。近年の「グローバルサウス」の台頭は、欧米など「先進国」が以前のような圧倒的優位を失い始め、相対的に政治的影響力が低下しつつあることの論理的帰結でもあると思います。

③「グローバルサウス」を経済面で見ると

冷戦時代、G7諸国の名目GDPの世界全体に占めるシェアはピークの1980年代後半で70%近くありました。その後、1990年代〜2000年前半までに60%台となり、2008年のリーマンショック後は5割を切り、28年には4割程度になるとすら予想されています。

これに対し、「グローバルサウス」側はその経済的影響力を着実に拡大しつつあります。1970年代の2回のオイルショック以降、湾岸の産油国を中心に「グローバルサウス」は資源・エネルギー面での主導権を徐々に獲得し、90年代以降は中国経済の高度成長、原油価格高騰によるロシアの復興、レアアースなど希少金属資源の偏在もあり、部分的ながら、経済的優位

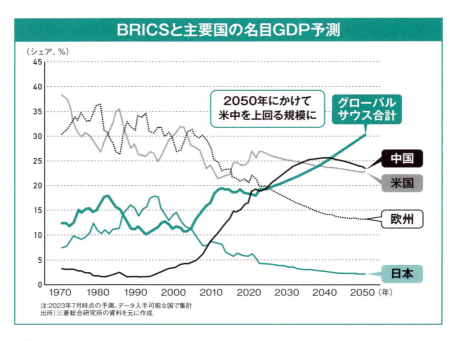

に立ち始めています。

　こうした状況がいつまで続くのかは正直分かりません。「グローバルサウス」の中でも経済拡大が著しい中国やインドはいずれ政治的影響力拡大に向かうでしょう。他方、中印両国とも、他の多くの「グローバルサウス」諸国と同様、1人当たりGDPが1万ドルに近付くと経済成長が鈍化する、いわゆる「中所得国の罠」に嵌る可能性もないとは言えません。

④「グローバルサウス」を社会文化面で見ると

「グローバルサウス」の社会文化的・宗教的背景も多様です。中東アフリカ諸国の多くはイスラム教国ですが、アフリカにはキリスト教国も少なくないし、インド太平洋地域では巨大なヒンドゥ文化圏、中華文化圏がイスラム文化圏と並存しています。また、同じキリスト教でも、中南米諸国はローマ・カトリックの影響力が強いようです。

⑤「グローバルサウス」の実像

　それでも「グローバルサウス」を議論する意義はあります。現在の国際秩序の基本は欧米を中心とする民主主義・自由市場経済・法の支配・人権・人道主義ですが、如何にリーダー不在だといっても、一体感を欠いていても、欧米の価値体系に反感や違和感をもつ「グローバルサウス」の国々は決して少なくないのですから。「グローバルサウス」諸国は数の上では国連加盟国の多数を占めています。「グローバルサウス」が今後恒常的、組織的な政治勢力となるか否かは未知数ですが、特定の国際問題・政治問題について一種の「拒否勢力」を構成することは十分あり得ます。要するに、「グローバルサウス」は過大評価も、過小評価もしてはいけないのです。

宮家の採点

悪魔のささやき
- ❶ △ 「グローバルサウス」の虚像と実像を区別すべし
- ❷ ○ 組織でも団体でもないという点では虚像である
- ❸ ○ 「グローバルサウス」は欧米の地盤沈下の結果である
- ❹ ○ 典型的開発途上国の諸問題は今も変わらない

天使のさえずり
- ❶ ○ BRICSの拡大を含め、最近は実像を伴うようになった
- ❷ △ 但し、どの国が主導権を握るかは未知数
- ❸ ○ 「グローバルサウス」の発言力は増大する
- ❹ ○ 日本を含む西側全体の危機という意識が足りない

日本の領土を取り巻く環境 ▶▶▶
韓国、ロシアの不法占拠は解決できるのか

　日本は敗戦後、多くの領土を放棄しましたが、**北方領土**、**竹島**、**尖閣諸島**の領有権を放棄したことはありません。しかし、ロシア（ソ連）、中国・台湾、韓国・北朝鮮は日本の領土について根拠のない主張を繰り返すばかりか、ロシアと韓国に至っては、北方領土と竹島を不法占拠しているのが現実です。

 悪魔のささやき

❶ 2010年と2012年の2回の尖閣事件は戦後の日本にとって、自国領土に対する脅威が明確かつ現実のものとなった初めての例であり、それ以降、日本国民の国防意識は大きく変わっていった

❷ 北方領土については、現状はロシアによる不法占拠であるが、安倍政権時代の首脳レベルでの日露交渉によっても解決には至らず、日本にとっては戦略的に見て絶好のチャンスが失われた

❸ 竹島については、現在も韓国が不法占拠しているが、韓国は保守系・進歩系政権のいずれも、竹島の実効支配を既成事実化・恒常化しようとしており、日本は毅然とした立場で具体的行動をとるべきである

❹ 尖閣諸島については、幸い日本が実効支配しているので、タイミングを見て、魚釣島での灯台の設置・運用や尖閣諸島への日本当局要員の派遣により、実効支配の度合いを一層高める必要がある

 天使のさえずり

❶ **国連憲章により他国の領土奪取は違法**とされたが、今も武力侵略による領土の獲得は止まらない

❷ 北方領土は当面交渉困難だが、少なくとも不法占拠の「時効の停止」のため、ロシア側と協議が必要である

❸ 竹島は、中長期的解決を目指し、まずは以前のような「agree to disagree（意見の不一致を認める）」状態まで戻すべきである

❹ 尖閣諸島は、次の中国の尖閣領海侵犯などの際には日本が具体的措置を

第4章 ワールドワイド編

日本の領土（概念図）

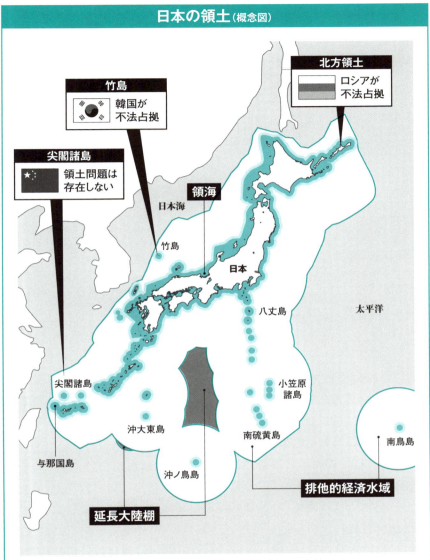

- ●**領海**：領海の基線から、その外側12海里（約22km）までの海域。
- ●**排他的経済水域（EEZ）**：領海の基線から、その外側200海里（約370km）までの海域（領海を除く）。漁業をしたり、石油などの天然資源を掘ったり、科学的な調査を行ったりという活動を、他の国に邪魔されずに自由に行うことができる。
- ●**延長大陸棚**：地形的・地質的に陸とつながっていると認められれば、200海里を超えて設定することができる大陸棚。

とることを宣言すべきだ

 宮家の解説

①なぜ領土問題は「存在しない」のか

　内閣官房のホームページを見ると、北方領土と竹島については「領土問題が存在する」とありますが、尖閣諸島については「解決すべき領土問題はそもそも存在しない」とあります。素人目に見れば、なぜ尖閣諸島についてだけ「領土問題はない」と書くのか、不思議に思う人もいるようです。

　でも、よく読んでみてください。日本政府は、「解決すべき」領土問題は「そもそも」存在しない、つまり、**中国側が「解決」を求めてきても、尖閣諸島を領有したことのない中国には、「そもそも」尖閣を返せと主張する根拠がない**、と言っているのです。根拠のない相手と協議や交渉をする必要はありません。だから尖閣については、「解決すべき領土問題」は「存在しない」のです。**「領土問題が存在しない」とは、「門前払い」する、という意味だと思ってください。**

②尖閣諸島は日本の領土か

　1895年、日本政府は他国の支配が及んだ痕跡がないことを慎重に検討した上で、国際法上、正当な手段で尖閣諸島を日本の領土に編入しました。第2次世界大戦後、1951年9月のサンフランシスコ平和条約においても、尖閣諸島は日本の領土として扱われた上で、沖縄の一部としてアメリカの施政下に置かれました。また、1972年の**沖縄返還協定**でも尖閣諸島は、日本に施政権を返還する対象地域に含まれています。

　これに対し、中国は、1971年12月に初めて、14世紀に遡って歴史的に尖閣諸島を領有してきた、と主張し始めました。しかし、当時、中国政府が作成した地図では尖閣諸島の魚釣島を中国語の「釣魚島」ではなく、日本語の「魚釣島」と表記しています。これだけでも当時、中国側が尖閣諸島を日本領と認識していたことは明らかでしょう。**中国側の主張は独自の歴史解釈に過ぎず、国際法上の根拠はありません。**

③日本は竹島を放棄したのか

　サンフランシスコ平和条約で日本は朝鮮の独立を承認しましたが、条文中放棄すべき地域は「済州島、巨文島、鬱陵島を含む朝鮮」と規定され、竹島はそこに含まれませんでした。これに先立つ1951年7月、**韓国はアメリカ**

に対し、「日本が放棄すべき地域に竹島を加えてほしい」と要求しましたが、アメリカ政府は「竹島は朝鮮の領土として扱われたことはなく、また、かつて朝鮮によって領有権の主張がなされたとは見られない」として明確に要求を拒否しています。竹島は、歴史的にも国際法上も、明らかに日本領であり、現状は韓国側の不法占拠ということです。

④北方領土は日本の領土か

サンフランシスコ平和条約により、日本は「千島列島と北緯50度以南の南樺太（からふと）」を放棄しましたが、同条約にいう「**千島列島**」に日本の領土である**北方四島**は含まれていません。また、ソ連は同条約の署名を拒否していますから、条約上の利益を主張することもできません。

歴史的に見ても、日本はロシアより早く、**北方四島（択捉島（えとろふとう）、国後島（くなしりとう）、色丹島（しこたんとう）及び歯舞群島（はぼまいぐんとう））**の存在を知り、多くの日本人がこの地域に渡航すると共に、徐々にこれらの島々の統治を確立していきました。それ以前も、ロシアの勢力がウルップ島より南にまで及んだことは一度もありません。

しかし、第２次大戦末期の1945年８月９日、ソ連は**日ソ中立条約**に反して対日参戦し、日本が**ポツダム宣言**を受諾した後に北方四島の全てを占領し、以来、ソ連・ロシアは不法占拠を続けています。

⑤領土問題解決の方法はあるのか

中国に対しては交渉する必要すらなく、韓国に対しては粘り強く問題を提起して問題解決の可能性を探り、ロシアに対しては適当な機会を累次捉えて「北方領土の不法占拠の違法性」を再確認し、少なくとも「時効を停止」しておく必要があります。

宮家の採点

悪魔のささやき
❶ ○ 2010年は日本の国家安全保障・元年である
❷ △ 絶好のチャンスを逸したのはロシアだったかもしれない
❸ ○ 韓国の不法占拠という事実は変わらない
❹ △ 日本から尖閣諸島の現状を変更する必要はない

天使のさえずり
❶ ○ 中国の武力による領土獲得は続くだろう
❷ ○ ロシアとの協議は続けるべきである
❸ ○ 問題は韓国側にその用意がないことだ
❹ ○ 尖閣問題は中国の次の現状変更の機会を利用すべし

NATOとEU ▶▶▶
ヨーロッパの複雑怪奇さは今も変わらない

　第2次世界大戦後、戦前の自国民族至上主義、排他的経済ブロック化など国際政治経済情勢の混乱を反省し、国連など多くの新しい国際機関が誕生しました。一方、ヨーロッパでは共産主義陣営の**ワルシャワ条約機構**と**NATO（北大西洋条約機構）・EU（欧州連合）**が対立し、最終的にソ連は崩壊しました。ところが今、この構図が大きく揺らぎ始めたようです。

 悪魔のささやき

❶ そもそもウクライナ戦争が起きた原因は、ソ連崩壊後、ワルシャワ条約機構の解体により存在意義を失ったNATOが逆に東方拡大したことを、ロシアが国家安全保障上の脅威と考え始めたことにある

❷ ロシアに隣接する旧東欧・旧ソ連構成国が次々とNATOに加盟する中で、ロシアとの結びつきが強く、民主主義体制も脆弱だったウクライナは、NATO加盟要件を満たすことができなかった

❸ 一方、EUも一枚岩ではなく、**トルコ加盟交渉の停滞、ギリシャの経済危機、イギリスの離脱、権威主義的傾向を強めるハンガリー問題**などでその一体性は徐々に揺らぎ始めている

❹ ウクライナ戦争によりエネルギー供給不安定化に直面するヨーロッパ諸国は、国内でも**移民反対、反EU主義**が台頭しており、EUの地域国際組織としての存在意義は再び問われるだろう

 天使のさえずり

❶ ソ連崩壊後のNATO拡大は、旧ソ連の国々やロシアに隣接する東欧諸国自身が切望したものである

❷ ウクライナはNATO加盟により自国の安全保障確保を目指しただけで、ロシアの侵攻は国際法違反である

❸ NATO諸国、EUは必ずしも一枚岩ではないが、そのカギを握るのはフランス、ドイツ、イタリア、特にドイツの動向である

❹ ドイツが東欧諸国の対露懸念に配慮するのか、それともロシアに配慮するのかがポイントになる

宮家の解説

① なぜ冷戦終了後にNATOも終了しなかったのか

最も短い答えは、「**東欧諸国の多くがNATO加盟を強く望んだから**」です。NATOやEUに加盟すれば晴れて民主主義国と認められ、西欧と同様の豊かな生活が実現すると考えたのでしょう。アメリカがソ連崩壊後、独立後の旧ソ連共和国や東欧諸国の「民主化」を望んだのは事実ですが、それ以上に東欧諸国の加盟願望が強かったのです。

そもそも、**アメリカがNATOの拡大を望んでも、加盟申請する国が厳しい加盟条件をクリアしない限り、加盟は不可能です**。1999年にポーランド、チェコ、ハンガリーが、2004年にバルト3国などが相次いで正式加盟したのは、アメリカからの圧力だけが理由ではありません。こうした一連の複雑な現象を、今私たちはNATOの「東方拡大」と呼んでいるのです。

もちろん、ロシアの言い分は全く逆です。NATOの目的は、第2次大戦後

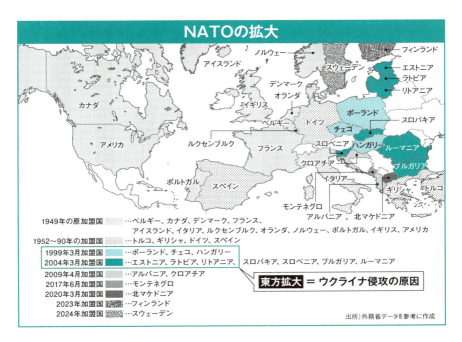

に起きた強力な共産主義連盟の増大と拡張から同盟国の自由を保護するためなのですから、ソ連崩壊によりその歴史的役割は終わったとロシア側が考えるのも無理はありません。しかし、ロシアの専門家の中にも、「冷戦終了後に、なぜ14カ国の東欧、旧ソ連諸国が、中立国ではなくNATO加盟を望んだのか、それを考える必要がある[13]」との冷静な意見があったようです。

　プーチン大統領はウクライナ侵攻開始直前の2021年12月、「NATOに関しては、西側は1990年代に、東方には1インチたりとも拡大しないと言ったが、ロシアは騙された」と述べました。しかし、実際にはそんな合意など存在しないばかりか、その**「東方拡大」を最も望んだのは、実はロシアに懸念を抱く東欧諸国だったのです。これこそ現代史最大の皮肉**でしょう。

②なぜトルコが加盟

　EUとNATOの最大の違いは、前者がヨーロッパのキリスト教国の緩やかな国家連合を目指すのに対し、後者はヨーロッパの主要国に加えて、アメリカ、カナダ、トルコも加盟する集団的自衛権を前提とした多国間軍事同盟であることです。NATOの正式名称が示唆する通り、米加が加盟するのは当然としても、中東のイスラム教国トルコが加盟しているのはなぜでしょうか。

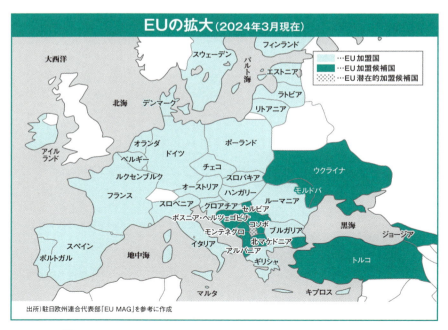

出所）駐日欧州連合代表部「EU MAG」を参考に作成

[13] https://www.jfir.or.jp/studygroup_article/7401/

NATOの設立メンバーは12カ国ですが、原加盟国を望んだトルコは当初除外されていました。その後、東西冷戦の激化に伴い、西側でトルコの重要性が再認識され、1952年に**トルコは念願だった加盟を果たします。**しかし、当時は、トルコ加盟反対論も少なくなかったため、トルコは1950年の朝鮮戦争に出兵[14]して、信頼に足る同盟国であることを行動で示しました。トルコ側の並々ならぬ決意を感じさせるエピソードです。

③NATOは一枚岩か

必ずしもそうとは言い切れません。現在、32カ国ある加盟国も、イギリス、アメリカのような海洋国家、ドイツ、フランスのような大陸国家、ドイツとロシアに挟まれた不幸な国家群（ポーランド、ハンガリー、バルト3国など）に大別されます。これら3グループの地政学的利益は同じNATOでも微妙に異なるので、今後もロシアが加盟国間の間隙を縫うことは十分考えられます。

④EUは一枚岩か

一枚岩ではない点ではEUも似たり寄ったりです。現在、EU内では移民受け入れ、若年者失業率、治安の悪化、宗教的対立など多くの問題を抱えていますが、ウクライナ戦争で更にインフレやエネルギー危機が顕在化、ウクライナを含む東欧諸国の加盟申請などもあり、問題は山積しています。

イギリスの離脱では揺るがなかったEUも、中にはハンガリーのように対ロシア政策などをめぐり独自の政策を進める国もあります。また、今後フランスとドイツの連携が弱まっていけば、EUのまとまりも徐々に失われていく恐れはあります。**戦前、「ヨーロッパ情勢は複雑怪奇」でしたが、この複雑さは今も変わりません。**

宮家の採点

悪魔のささやき
- ❶ ○ しかし、NATO拡大はロシアにとって脅威ではなかった
- ❷ ○ ウクライナの不正・腐敗は深刻だった
- ❸ ○ EU、NATOを一致団結させたのはプーチンである
- ❹ ○ EUの一体性は脆弱である

天使のさえずり
- ❶ ○ 必ずしもアメリカの圧力だけではなかった
- ❷ ○ 国際法上も当然である
- ❸ ○ 仏独枢軸が崩れればEUは終わる
- ❹ ○ 中でもドイツがカギを握る

---

[14] https://u-shizuoka-ken.repo.nii.ac.jp/?action=repository_action_common_download&item_id=1133&item_no=1&attribute_id=40&file_no=1

地球環境問題とSDGs ▶▶▶
温暖化もSDGsも科学というより信仰に近い

　誤解を恐れずに申し上げますが、最近の地球温暖化やSDGs（持続可能な開発目標）をめぐる一部の極端な議論には正直、辟易しています。巷の多数説は「温暖化は深刻」論なのでしょうが、これにSDGsの問題意識が加わると、およそ科学とは無縁と思われる人でも、二酸化炭素（CO_2）を出す企業や喫煙者を厳しく批判したくなります。

　2024年の日本のSDGs達成度は163カ国中18位だそうですが、これっていったい誰が決めるのでしょうか。

 悪魔のささやき

❶「地球温暖化は深刻」とする報道の多くはフェイクニュースであり、今後も緩やかな温暖化は続くかもしれないが、大破局が訪れる気配はなく、良い技術さえあればCO_2問題は十分解決可能である

❷日本を含む西側諸国は、極端な脱炭素、再生可能エネルギーの最優先、原子力発電の停滞などによって、エネルギー安全保障、ひいては国の独立や安全すら危機に陥りつつある

❸SDGsは国連が採択したとされるが、それは「Transforming Our World」なる文書の一部に記載された概念の一つに過ぎず、国際的に確立された義務でも、合意された目標でもない

❹欧米のある研究機関の報告書は、2024年の日本の「SDGs達成度」を世界で18位としたが、そもそも「持続可能な社会」を判断する基準は抽象的かつ曖昧であり、信用に値しない

 天使のさえずり

❶地球温暖化を科学的に否定するだけの情報がない以上、「温暖化」は現代国際政治の「公理」である

❷今日の政治・経済ゲームのルールがこの「公理」に基づく以上、素人がこれに挑戦するのは賢明でない

❸ SDGsもその延長線上にあるので、当面はこのルールの枠内で様々な知恵を出すことが求められる

❹ 同時に、「温暖化」は米中日など大排出国を牽制する、一部ヨーロッパ諸国の知恵であることも事実である

 宮家の解説

① 温暖化で地球の気温は上昇しているのか

日本に限らず、世界の新聞、テレビなど主要メディアは連日のように、温暖化で地球は危機的状況に陥りつつあると報じています。ところが世の中には、**「温暖化による気温上昇は起こっていない」もしくは「関連データは信頼できない」と主張する有力少数説も厳として存在しています。**

彼らは「陸上の気温変化速度の見積もりが過大だ」「温暖化論には物理学的根拠がない」「世界の平均気温上昇は1998年以降停止しており、太陽活動の低下によって今後地球は寒冷化していく」などと主張しています。

② 温暖化の原因は二酸化炭素なのか

そもそも、「地球温暖化の原因は二酸化炭素にある」という説にも賛否両

地球温暖化は本当に起こっているのか

世界の気温上昇は1998年以降停止しており、今後、地球は寒冷化していく

空気中の約0.03％しかないCO_2濃度の上昇が、地球全体の温度上昇に影響するのか

地球温暖化

ヨーロッパの一部の国が、アメリカ、中国、ロシアなどの巨大な大陸国家を不利な立場に追い込むために編み出した、新たな国際世界のゲームだ

科学というより、一種の信仰に近いものだ

論あります。

　巷では二酸化炭素排出を抑える**脱炭素社会**を目指すべしとの論調が強い中、**空気中の約0.03％しか占めない二酸化炭素の濃度の上昇が、果たして本当に地球全体の温度上昇に影響しているか疑問とする声もある**のです。

③温暖化モデルは科学的に正しいのか

　私は科学者ではないので、気温上昇の真偽、二酸化炭素犯人説や個々の温暖化モデルの妥当性につき権威をもって判断するだけの十分な知識を有していません。私にとってこの問題は科学というよりも、むしろ一種の信仰に近いものだとすら考えています。

　仮にそうだとすれば、私にはこれら科学者たちの論争を「事実」とも「フェイク」とも言い切るだけの知見はありません。唯一、私が言えることは、**「現代の国際政治では、地球が温暖化しているという前提で、全ての国際会議で議論や交渉が行われている」**という事実だけです。

　一方、こうした議論を国際政治の観点から見れば、地球温暖化論とは、比較的人口密度が高く、**エネルギー有効活用が得意なヨーロッパなど一部先進諸国が、広い国土を有し、二酸化炭素排出を大幅に削減できないアメリカ、中国、ロシアなどの巨大な大陸国家を不利な立場に追い込むために編み出した「新たな国際世界のゲーム」**と見ることも可能です。その観点では、ヨーロッパ諸国の戦略は実に狡猾かつ効果的だと思います。

④SDGsは国連が定めた国際義務なのか

　外務省のウェブサイトによれば、SDGsとは、2001年に策定されたミレニアム開発目標（MDGs）の後継として、2015年9月に161の加盟国首脳が出席して国連で開かれた「国連持続可能な開発サミット」で、加盟国の全会一致で採択された「持続可能な開発のための2030アジェンダ」に記載された、2030年までに持続可能でより良い世界を目指す国際目標のことです。

　インターネット上では「国連サミットで採択された」「2030年までに達成するために掲げた目標」だ、と説明されますが、よく読めば、**SDGsとは、国連が採択した多くの文書の中の「Transforming Our World」なる文書の一部に記載された概念の一つに過ぎず、国際的に確立された義務でも、合意された目標でもありません。**また、「持続可能な社会の創造を目指す世界共通の目標」とされてはいるものの、具体的に何が「持続可能な社会」なのか

> # SDGsはまやかしの産物?
>
> | SDGs | 1 貧困を なくそう | 2 飢餓を ゼロに | 3 すべての人に 健康と福祉を | 4 質の高い教育を みんなに | 5 ジェンダー平等を 実現しよう |
> |---|---|---|---|---|---|
> | 6 安全な水と トイレを 世界中に | 7 エネルギーを みんなに そしてクリーンに | 8 働きがいも 経済成長も | 9 産業と 技術革新の 基盤をつくろう | 10 人や国の不平等 をなくそう | 11 住み続けられる まちづくりを |
> | 12 つくる責任 つかう責任 | 13 気候変動に 具体的な対策を | 14 海の豊かさを 守ろう | 15 陸の豊かさも 守ろう | 16 平和と公正を すべての人に | 17 パートナーシップで 目標を達成しよう |
>
> ⚠ 国連サミットで採択された訳ではない。
> 国際的に確立された義務でも、合意された目標でもない。
> 何が「持続可能な社会」なのかの定義も確立していない。

の定義も確立していません。

⑤問題の本質

　要するに、SDGsとは、国連で開かれた首脳会議の「掛け声」「目安」であって、必ずしも「義務」ではないのです。しかも、**地球温暖化問題や二酸化炭素原因説のような科学的証明が難しい議論に基づいて、SDGsのような曖昧な概念の目標を定めてしまって本当に良いのか**、という本質的な反論もあり、議論は未だ収斂していません。

> **宮家の採点**
>
> 悪魔のささやき
> ❶△ 判断できない
> ❷△ 判断できない
> ❸〇 少なくとも国際法上の義務ではない
> ❹△ 判断できない
>
> 天使のさえずり
> ❶〇 温暖化が事実上のルールとなっている
> ❷△ 素人が「公理」に挑戦して何が悪い
> ❸△ 同上
> ❹〇 温暖化は新しい国際世界のゲームである

人権問題、人種差別 ▶▶▶
機能しない人権理事会など本当に必要なのか

　人権は、自由、民主、法の支配などと並んで、日本を含む西側主要国が重視する普遍的価値の不可欠な要素の一つです。しかしながら、現実の世界では、開発途上国を中心に権威主義的な国家で人権が侵害される例が後を絶ちません。特に、**中国のウイグル人に対する人権侵害は国際的にも厳しく批判されています。**更に、主要先進国でも、少数民族に対する差別や反移民運動など、人権侵害のケースが増加傾向にあります。

 悪魔のささやき

❶ 奴隷制度から第2期トランプ政権の反移民政策まで、史上最大の人種差別国は実はアメリカであり、この国から個人レベルの人権侵害や人種差別を一掃することは事実上不可能に近いだろう

❷ 中国、北朝鮮、ロシアなどが国際的な批判を無視し、組織的に行っている人権侵害や少数民族弾圧は許されないが、現実には、中国、ロシアが拒否権を有する国連がこれを是正することは不可能に近い

❸ 更に、その他の主要国・途上国内でも差別や人権侵害は厳として存在し、特にイスラム圏での女性に対する差別、ヨーロッパでの移民排斥運動など、深刻な政治問題を惹起する差別は今後も続くだろう

❹ 各国で勢いを増しつつある「**自国第一主義**」、**ナショナリズム、ポピュリズム**は、人権侵害や人種差別を正当化する最も直近の例であり、人権侵害や差別をなくす努力の流れに逆行するものである

 天使のさえずり

❶ 古代から人間は差別する動物であり、人類は「他を差別する」ことで「生き延びてきた」種族である

❷ 差別を一掃することは難しいが、まずは関係国が「差別」があることを公式に認めることが必要である

❸ その上で、差別解消に向け公開の場で議論し、具体的な法的・社会的措

置をとる必要がある

❹ しかし、最近の反差別運動は極端化・過激化しており、その分ナショナリズムを助長していることも事実である

 宮家の解説

①人権侵害、人種差別とは何か

　人権については、1948年に国連総会で採択された「世界人権宣言」が1966年に法的拘束力をもつ「国際人権規約」に格上げされました。更に、1979年には国連総会で女子差別撤廃条約が採択されています。「人権侵害」とはこれら国際法が定める人権を侵害する全ての行為を意味します。

　また、人種差別撤廃条約は「人種差別」を「人種、皮膚の色、世系又は民族的若しくは種族的出身に基づくあらゆる区別、排除、制限又は優先であって、政治的、経済的、社会的、文化的その他のあらゆる公的生活の分野における平等の立場での人権及び基本的自由を認識し、享有し又は行使することを妨げ又は害する目的又は効果を有するもの」（第1条の1）と定義しています。

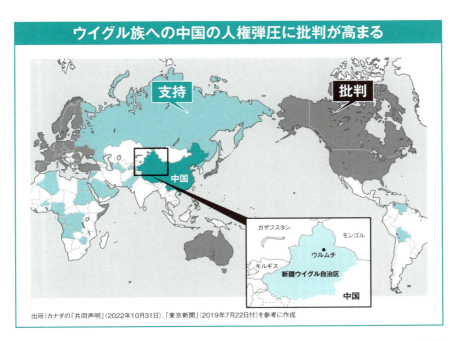

出所）カナダの「共同声明」（2022年10月31日）、「東京新聞」（2019年7月22日付）を参考に作成

② ウイグル問題は人権侵害、人種差別なのか

　数年前から、中国の新疆ウイグル自治区での人権侵害を「ジェノサイド（民族集団虐殺）」だと批判する声が高まりつつあり、2022年の北京冬季五輪開会式ではアメリカなど一部西側諸国が外交ボイコットを表明する騒ぎになりました。同年8月、国連人権高等弁務官事務所（OHCHR）は、5月の**バチェレ国連人権高等弁務官の訪問**に基づき、**中国が新疆ウイグル自治区で少数民族に対し「深刻な人権侵害を実施」しており、「人道に対する罪に当たる可能性がある」とする初の報告書を発表しました。**

　一方、中国側は強く反発しており、国際社会の非難に対しては、「人権を盾にした内政干渉は認められない」と批判しています。また、アジアやアフリカの開発途上国の一部には中国を擁護する国も少なくありません。人権よりも安定を重視する中国が政策を変更する可能性はないでしょう。

③ 人種差別の国アメリカに中国を批判する資格はあるか

　アメリカも偉そうなことは言えません。2020年には、アフリカ系アメリカ人ジョージ・フロイドが路上で拘束中に白人警官によって窒息死させられた事件を受け、アメリカ全土で抗議運動が起きるなど、近年、アメリカでは、人種差別やユダヤ系など少数派に対する偏見・暴力が増加する傾向にあります。**他国を批判する前に、自国の人種差別や人権侵害を解決せよ、という批判はそれなりに説得力があります。**

④ 国連人権委員会は機能しているのか

　国連には総会下部機関の常設理事会の一つとして「**人権理事会**」が設置されています。以前の人権委員会（UNCHR）を改組・発展させた組織であり、その目的は、加盟国の人権状況を定期的・系統的に見直すことで「世界の人権状況を改善し、深刻かつ組織的な人権侵害などに早急に対処すること」とされ、ウイグル問題について積極的に発言している人権高等弁務官事務所が事務局機能を果たしています。

　南アフリカの**アパルトヘイト廃止**のように、人種差別撤廃について国連が一定の役割を果たしたことは事実です。しかし、**今の人権理事会には、中国、ロシア、北朝鮮などの人権侵害に十分対応していないという根強い批判もあり、実際、2018年にアメリカは人権理事会からの脱退を表明しています。**2019年に日本、EU諸国など22カ国が、新疆ウイグル再教育キャンプを

国連における人権関係の略史

1948年	12月9日	ジェノサイド条約を採択
	12月10日	世界人権宣言を採択
1951年	7月25日	難民条約を採択
1965年	12月21日	人種差別撤廃条約を採択
1966年	12月16日	国際人権規約、選択議定書を採択
1979年	12月18日	女子差別撤廃条約を採択
1984年	12月10日	拷問等禁止条約を採択
1989年	11月20日	児童の権利に関する条約を採択
1990年	12月18日	すべての移住労働者及びその家族の権利の保護に関する条約を採択
1993年	6月25日	ウィーン宣言及び行動計画を採択
2006年	12月13日	障害者の権利に関する条約を採択
2006年	12月20日	強制失踪条約を採択

出所）国際連合広報センター

法務省人権擁護局／全国人権擁護委員連合会企画「世界人権宣言70周年」（2018年9月）

非難する共同書簡を人権理事会に提出した際は、ロシア、北朝鮮、アラブ・アフリカ諸国など50カ国が中国を支持する書簡を提出して対抗しており、人権理事会が機能しているとは言い難いようです。

⑤女性差別は解決するのか

　女性差別の解消も大きな課題です。男女差別は宗教上の教義に基づくもの、古来の伝統や文化によるものなど、理由が多様だからかもしれません。2024年のジェンダーギャップ指数によれば、トップ5の内、4カ国が北欧諸国であるのに対し、日本は118位という不名誉な結果になっています。

宮家の採点

悪魔のささやき
- ❶△ それを言っては終わりである
- ❷〇 人権侵害は往々にして独裁体制と直結する
- ❸〇 差別は人間の性（さが）なのだろうか
- ❹〇 トランプ現象もその一種である

天使のさえずり
- ❶△ それを言っては終わりだろう
- ❷〇 現実論としてはこれが第一歩である
- ❸〇 但し、行動に移すのはアメリカでも難しい
- ❹〇 私が「ダークサイド」と呼ぶ現象である

海洋・北極海 ▶▶▶
温暖化する海洋が新たな国際紛争を引き起こす!?

　四方を海に囲まれ、陸上国境をもたない日本の生命線は世界各地域と日本を結ぶ海上交通路であり、海洋の自由、特に公海における航行の自由の重要性は高まるばかりです。ところが、最近は地球温暖化が進めば、北極海航路の常時利用も可能になるとして、関係国間の競争も激化しています。日本が享受してきた海洋秩序に関する原則が捻じ曲げられることはないのでしょうか。

悪魔のささやき

❶ 1991年の米軍のフィリピン撤退開始直後、中国は領海法で中国の領土は「台湾及び釣魚島（原文ママ）を含むその付属する各島」「東沙、西沙、中沙、南沙諸島」を含むと定め、「**九段線**」を法的に正当化した

❷ 2016年、ハーグの常設仲裁裁判所はフィリピンの提訴に対し、中国の主張には「国際法上の根拠がない」との裁定を下したが、中国による南シナ海の要塞化は既成事実化しつつあり、もはや手遅れに近い

❸ 地球温暖化が進んでいるとすれば、将来新たに生まれる最も有望な海上交通路の一つが北極海であり、ロシアはもちろん、中国も既に北極海航路の商業利用に向け動き出している

❹ 北極圏の航路や資源については、その帰属や権利・義務などが国際紛争の原因となる可能性が高いが、この点日本の立ち遅れは明らかであり、早急に北極圏対策を開始すべきである

天使のさえずり

❶ 古典地政学的に言えば、現在は**伝統的ランドパワー中国**が**シーパワー**を目指し始めた段階にある

❷ 貿易立国の海洋国家である日本は、国連海洋法条約（UNCLOS）を最大限活用し、国益を最大化すべきである

❸ 北極海航行についてロシアや中国は、事前届け出を義務付けたり、「一帯一路」の一環と位置付け様々な準備を始めている

❹ 但し、懸念される温暖化が進んでも、北極海での大型船舶の年間航行が可能になるのは遠い先のことである

宮家の解説

① シーパワーとランドパワー

　海洋の重要性について語るには、まず「**シーパワー**」と「**ランドパワー**」の違いから説明する必要があります。ここでは、**ランド（シー）パワーを、主として陸地（海洋）を支配下に置き、そこを整備・活用することで、国益を最大化しようとする能力・国家**、と定義します。シーパワーが影響力を維持するためには、海上交通路（SLOCs）を確保し、そこで他国の干渉なしに船舶の自由航行が確保される必要があります。**天然資源のない島国の日本は典型的なシーパワーであり、シーレーンを確保し、自由貿易で生きていく宿命を負っています。**

② 中国の南シナ海海洋進出

　中国が「領海及び接続水域法」を制定したのは1992年2月でした。興味深いことに、その3カ月前の1991年11月には、フィリピン上院が米比軍事基地協定の期限延長を拒否し、在比米軍の撤退が決まっています。中国「領海法」は、米軍のフィリピン撤退という「力の空白」を埋めるための手段でした。

　2014年、フィリピンは国連海洋法条約に基づき、南シナ海の中国の諸活動をハーグの常設仲裁裁判所に提訴しました。**同裁判所は2016年、中国の「九段線」や歴史的権利に基づく主張には「国際法上の根拠がない」と裁定しました。**同裁定の主要論点は、南シナ海の海洋資源に対する中国の「歴史的権利」の主張は、国連海洋法条約の規定の限度を超える部分について無効であり、中国が南シナ海や海洋資源を歴史的に、また排他的に管轄してきた証拠はなく、従って中国の「九段線」内の海域における「歴史的権利」の主張には如何なる法的根拠もないと判断し、提訴したフィリピン側の主張を全面的に認めています。更に、従来この種の領有権争いに中立的立場を維持してきたアメリカも、2020年、中国の領有権主張と威嚇的行為は「完全に不法」であり、常設仲裁裁判所の判断を尊重すると発表しました。

　南シナ海は中国の南東にある戦略的に重要な海域であると共に、マラッカ海峡からインド洋を経て中東湾岸地域の油田・ガス田に至るシーレーンの起

写真=中国が実効支配する南沙諸島（スプラトリー諸島）のスービ礁

点として中国にとり死活的な意味をもっています。**最近、米軍は中国による南シナ海支配に反対する「航行の自由作戦」を従来以上に頻繁に実施しています。**南シナ海をめぐる米中の覇権争いが長期化する可能性は高いでしょう。

③北極海とは

北極海は、北極を中心にユーラシア大陸、グリーンランド、北アメリカ大陸などによって囲まれた海域で、具体的にはアメリカ、ロシア、カナダ、デンマーク、ノルウェーの5カ国に囲まれた海域のことです。最近は地球温暖化により北極海の海氷が減少したこともあり、北極海航路が再び注目を浴びるようになりました。**距離が3分の1近く短縮されるだけでなく、通過できる船舶のサイズに制限のある運河を通らなくて済むため、時間とコストの両面で、商業的に採算がとれる航路となる可能性は十分ある**ようです。

④北極海の資源

長年氷に閉ざされていた北極海には、豊富な鉱物資源や動物資源がほぼ手付かずのまま眠っているはずです。例えば、金、銀、ダイヤモンドなどの鉱物資源や石油・天然ガス、漂砂鉱床、マンガン団塊などに加え、良質の砂利も海底に多く眠っていると言われています。また、魚類、アザラシ、クジラ

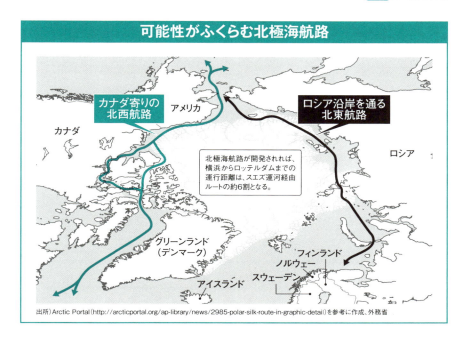

が多く生息することでも知られており、地球温暖化と共にこれらの資源が俄然注目を浴びるようになりました。

⑤ 資源をめぐる国際競争

　北極圏の航路や資源については、アメリカ、ロシア、カナダ、デンマーク、ノルウェーが権利を主張し、調査研究や具体的プロジェクトを実施しています。更に、中国も、新たな砕氷船を取得するなど、着々と国内体制を整えていますが、残念ながら海洋国家・日本の対応は立ち遅れています。

宮家の採点

悪魔のささやき
- ❶ ○ 但し、国際法上の根拠はない
- ❷ △ 当時のアメリカは湾岸戦争の最中でそれどころではなかった
- ❸ △ 捕らぬ狸の皮算用かもしれない
- ❹ ○ 日本の立ち遅れだけは事実である

天使のさえずり
- ❶ △ ランドパワーがシーパワーを兼ねることは難しい
- ❷ ○ 但し、アメリカはUNCLOSを批准していない
- ❸ ○ 日本が関心をもたないのはおかしい
- ❹ △ こればかりは誰も分からない

宇宙空間 ▶▶▶
宇宙の軍事利用を中国も虎視眈々と狙っている

　私が小学生の頃、アメリカの宇宙船アポロ11号が月面着陸に成功し、今から思えばとても粗い画面でしたが、月面からのテレビ映像が生中継されました。当時、地球上は東西冷戦の真っただ中でしたが、幼心にも、宇宙では争いはなく、平和利用だけが進むんだと無邪気に考えていたものです。しかし、**あれから半世紀以上が経ち、宇宙空間は事実上、未来の戦場となりつつあります**。人類は宇宙の平和利用という理想を実現できるでしょうか。状況は逆の方向に向かいつつあるようです。

 悪魔のささやき

❶ 戦争が陸海空の3次元で戦われる時代は既に終わりつつあり、今後の戦争は陸海空に加え**サイバー**、**宇宙**、**電磁波**という三つの新たな領域（ドメイン）で戦われることになる

❷ 1960年代のアメリカによる月面着陸以降、過去半世紀で人類の宇宙開発能力は飛躍的に向上し、今や月面や火星を含む宇宙空間は地上の大国間の覇権競争の主戦場となりつつある

❸ 宇宙空間におけるアメリカの優位はもはや圧倒的ではなく、最近はロシアに代わり中国が2024年に無人探査機を月の裏側に着陸させ試料採取に成功するなど宇宙空間で急速に存在感を示し始めている

❹ 中国は宇宙空間というドメインの軍事的重要性を熟知しており、アメリカ製の衛星やGPS（全地球測位システム）に依存しない独自のシステムを構築して、宇宙空間での中国の優位確立を目指している

 天使のさえずり

❶ 「宇宙空間の平和利用」なる概念は、主要国が宇宙を軍事利用できなかった時代の産物である

❷ 軍事技術の進歩により、宇宙は聖域ではなくなり、将来は宇宙空間での覇権が争われることになる

❸ 特に、最近の宇宙における中国の活動拡大は潜在的脅威であり、アメリカは懸念を深めている
❹ 日本も最低限の防衛力を維持するため、宇宙空間での防衛作戦を本格的に検討する段階に来ている

宮家の解説

① 宇宙空間とは

　一般に、宇宙空間とは、地球から約100km以上離れた、重力が極めて弱く、大気のない空間を指します。人類が初めて宇宙空間に人工物を送り込んだのは第2次世界大戦中のドイツのV2ロケットでしたが、1957年にはソ連が世界初の人工衛星スプートニク1号を打ち上げ、地球の観測を開始しました。

　その後の各国の宇宙開発は目覚ましく、1961年にソ連のガガーリンによる人類初の宇宙飛行、1969年のアポロ11号の月面着陸、1998年の国際宇宙ステーション打ち上げが続き、最近では民間人による有人宇宙飛行や宇宙天文台・惑星探査などで、宇宙に長期間人員や機器を送り込むことが普通になっています。

宇宙を体験した主な出来事

1957年	ソ連のスプートニク1号が世界初の人工衛星として地球の観測を開始
1961年	ソ連のガガーリンが人類初の宇宙飛行
1967年	世界初の複数の衛星中継によるテレビ番組の放送開始
1969年	アメリカのアポロ11号が月面着陸
1990年	12月、放送業者TBSの社員・ジャーナリスト、秋山豊寛が、カザフスタンのバイコヌール宇宙基地から打ち上げられたソユーズに搭乗し、宇宙ステーション、ミールに滞在
1998年	国際宇宙ステーションの打ち上げ成功
2001年	4月、民間人のデニス・チトーが自費（約2000万ドル）でソユーズに搭乗し、国際宇宙ステーションに約1週間滞在
2021年	7月、ヴァージン・ギャラクティックの創業者リチャード・ブランソンがスペースシップ2に搭乗し、高度80km地点で3分間の無重力体験を行う
	7月、Amazonの創設者ジェフ・ベゾスが高度100kmのカーマンラインまで到達し、無重力状態を体験
2024年	6月、中国の無人月面探査機が月の裏側へ着陸

②宇宙の平和利用

　国連は、宇宙空間が平和目的に利用され、かつ宇宙活動から得られた恩恵を全ての国が共有できるようにするため、**国連宇宙空間平和利用委員会（COPUOS）** を設置し、国際宇宙法の発展、宇宙科学技術の国際協力促進などに取り組んでいます。

　民間による宇宙利用は年々進んでおり、例えば、**人工衛星を使った通信では、多数の衛星で構成される衛星コンステレーションシステムを導入し、通信の高速化、安定化、低価格化が図られています。**

　通信以外でも、人工衛星は有用です。典型例としては、衛星からの様々なデータは、警察、防災、消防、海上保安、測量、航空管制、気象予報、地図作成、海上交通、地震・火山活動監視などありとあらゆる分野で利用されており、今や宇宙空間の利用なしにこうしたサービスの提供は不可能でしょう。

③宇宙の軍事利用

　しかし、この宇宙空間の軍事利用が本格化すれば、いずれ宇宙空間そのものが戦場となる可能性も含め、地球全体の安全保障にとって悪影響が及びかねません。実は、宇宙空間の軍事利用を禁止または制限する国際的枠組みは既に幾つかできあがっています。

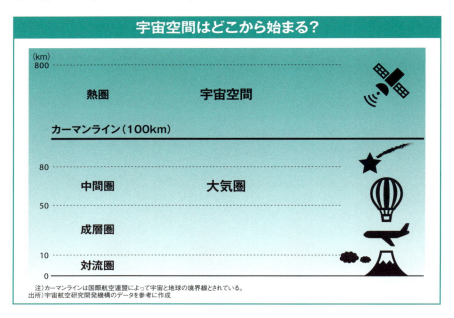

注）カーマンラインは国際航空連盟によって宇宙と地球の境界線とされている。
出所）宇宙航空研究開発機構のデータを参考に作成

例えば、1967年に締結された「**宇宙条約**」は、宇宙空間での活動は「国際の平和及び安全の維持並びに国際間の協力及び理解の促進のために」行うとし、**「核兵器及び他の種類の大量破壊兵器を運ぶ物体を地球周回軌道に乗せ」たり、「これらの兵器を天体に設置」すること、「他のいかなる方法によってもこれらの兵器を宇宙空間に配置」することを禁止しています。**

また、月その他の天体については、「軍事基地、軍事施設及び防備施設の設置、あらゆる型の兵器の実験並びに軍事演習の実施」を禁止しています。更に、宇宙条約以外では、1963年の「部分的核実験禁止条約」が宇宙空間における核実験を禁止しています。

④ 宇宙での戦争

それでも宇宙空間の軍事利用は止まりません。軍事面から見ると、宇宙は極めて魅力的な空間だからです。既に2024年6月、中国は世界で初めて無人探査船を、水が氷の状態で存在する可能性のある月の裏側の南極周辺に着陸させ、土壌や岩石のサンプルを採取し、地球に持ち帰りました。将来的には宇宙飛行士が滞在できる月面基地の建設を見据えた動きであり、これは宇宙空間そのものが戦争の帰趨を決する戦場としての価値を増していることの証拠でもあります。

されば、先に述べた宇宙平和利用に関する国際法は不十分でしょう。例えば、**宇宙空間に弾道ミサイル防衛システムを配備すれば、敵の弾道ミサイルをより効果的に迎撃することが可能です。また、敵の人工衛星そのものの破壊や通信システムの無力化ができれば、戦争開始直後から圧倒的優位に立つことも可能です。**今中国は、正にこの種の宇宙の軍事利用を進めているのです。

宮家の採点

悪魔のささやき
- ❶ ○ 戦争の概念は根本的に変わりつつある
- ❷ ○ 宇宙は最新かつ最後の戦場である
- ❸ ○ 特に最近は中国の伸長が著しい
- ❹ ○ 後発の中国にはコスト面で優位がある

天使のさえずり
- ❶ ○ 宇宙利用が高まると軍事利用も高まるのは皮肉である
- ❷ ○ 軍事技術の進歩は止められない
- ❸ ○ 中国は通信に依存する米軍の弱点を突こうとしている
- ❹ △ 自衛隊も最近ようやく宇宙に目を向け始めた

経済圏構想 ▶▶▶
中国の加盟でWTOは機能低下した

　一昔前はGATT（関税及び貿易に関する一般協定）、WTO（世界貿易機関）、NAFTA（北米自由貿易協定）がありましたが、最近ではTPP（環太平洋経済連携協定）、RCEP（地域的な包括的経済連携協定）、IPEF（インド太平洋経済枠組み）など様々な経済圏構想が次々と実現しています。

　本項では、これらの協定や枠組みのどこが違い、誰が有利になるのかを考えます。

 悪魔のささやき

❶第1期トランプ政権以降、アメリカは関税削減・撤廃を伴う自由貿易ルール作りに関心を失っており、かつてオバマ政権が推進したTPPにアメリカが復帰する可能性は限りなくゼロに近い

❷TPPは単なる自由貿易協定ではなく、加盟国の国有企業の改革なども含む、より戦略的な目的をもつ新しいタイプの自由貿易協定だったが、アメリカの不参加により、その戦略的効果は減殺されている

❸バイデン政権のIPEFは、ハイテク貿易、サプライチェーン、脱炭素や税制・汚職問題に重点を置くものの、関税を含まないため、TPPのような自由貿易協定とは似て非なるものだった

❹一方、中国が主導し日本も参加したRCEPは、自由化レベルが十分でなく、一定の貿易促進要素はあるものの、中国の貿易制度改革を促すような厳しい内容とはなっていない

 天使のさえずり

❶自由市場経済へ中国を取り込むことに失敗したため、グローバル自由貿易体制樹立の努力は頓挫した

❷他方、通信やAI（人工知能）などの技術進歩に伴い、経済・ビジネス面でのグローバリゼーションは今後も続くだろう

❸今後は、国家安全保障上重要な先端技術について、デカップリング（2国

間の経済や市場などが連動しなくなること）が進む可能性が高い
❹ 今後は戦前のような地域経済ブロックではなく、異なるネットシステムによるデジタル経済ブロックが出現する

宮家の解説

① 自由貿易体制の進化

第２次世界大戦後の国際経済史は、「**ブレトンウッズ体制**」なしに語れません。1944年、連合国は米ニューハンプシャー州のブレトンウッズで、金融の**IMF**と開発の**世界銀行（国際復興開発銀行）**の設立に合意しましたが、唯一、貿易の**ITO（国際貿易機関）**設立には合意できませんでした。

1948年に発効したGATTはこのITOに代わり、関税などモノの貿易障害や差別待遇を撤廃し、自由で無差別な国際貿易を促進する役割を担いました。日本は1955年に加盟しています。

その後、GATTの役割は、モノだけでなくサービス、補助金、知的所有権、紛争解決など貿易全体に関するルール作りを担うべく1995年に設置されたWTOに引き継がれました。私はWTO協定が締結された直後のジュネー

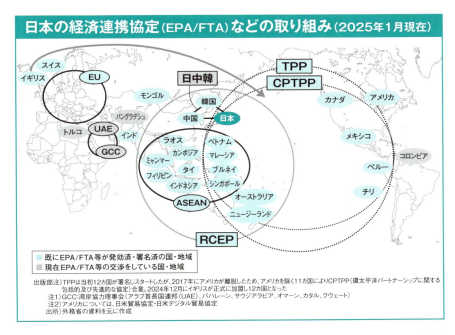

ブでサービスの貿易に関する一般協定（GATS）の首席交渉官として2年間、多国間交渉の実務を担当しました。

②古き良きWTO時代

　1990年代後半のWTOは楽しい時代でした。各国の利害は簡単に収斂しませんでしたが、当時は多くの合意が成立し、国際貿易に関する世界共通の新しいルールが作れたのですから。こうした雰囲気は中国が加盟した2001年以降、急速に失われました。WTOの伝統は、GATT以来のコンセンサスによる決定です。当初は各国が妥協を繰り返しながら、なんとか全加盟国が受け入れられるギリギリの合意形成を目指しました。

　しかし、中国はそうしたコンセンサスに参加する気は全くありません。**彼らはWTOのルールに中国経済を合わせるのではなく、中国の経済システムを守るためにWTOに加盟したのです。**当然ながら、次第に交渉も妥協も行われなくなり、2006年のドーハ・ラウンド交渉は無期限凍結となりました。

③地域経済協定の黄金時代

　その後、WTOの全体交渉で世界共通の総合的貿易ルールを作る意欲は失われていきました。これに代わって2006年以降に登場したのが、WTO協定でも想定されていた「地域経済協定」です。

　例えば、FTA（自由貿易協定）は「特定の国や地域の間で、物品の関税やサービス貿易の障壁等を削減・撤廃することを目的とする協定」であり、EPA（経済連携協定）は「FTAの貿易自由化に加え、投資、人の移動、知的財産の保護や競争政策におけるルール作り、様々な分野での協力の要素等を含む、幅広い経済関係の強化を目的とする協定」のことです。

④TPPとRCEPの違い

　オバマ政権が推進し合意されたTPPも地域経済協定でしたが、内容的には単なる自由貿易協定ではなく、加盟国に国有企業の改革なども含む、より戦略的な目的をもつ新しいタイプの経済連携協定でした。しかし、第1期トランプ政権はTPPからの離脱を表明し、現時点でアメリカが復帰する可能性はないと思います。これに対し、中国が主導し日本も最終的に参加したRCEPは、一定の貿易促進要素はあるものの、全体として自由化のレベルは十分でなく、ましてTPPのような中国の貿易制度改革を促す内容は含まれていません。

IPEFと既存の貿易協定の比較

	IPEF（アイペフ）	RCEP（アールセップ）	CPTPP
参加・加盟国数	14	15	12
種類	「枠組み」	EPA	EPA
関税交渉	×	○	○
貿易分野の交渉品目	「重要品目」	工業製品、農産品	農産品、酒など
主導国・中心国	アメリカ	ASEAN・中国	日本

注）EPAは経済連携協定を指す
出所）「大和総研調査季報2022年秋季号」（各種資料、Haver Analyticsから大和総研制作）を参考に作成

　その後バイデン政権が打ち出したIPEF構想はハイテク貿易、サプライチェーン、クリーン経済、汚職問題に重点を置くものの、TPPのような包括的な経済連携協定ではありませんでした。更に、第2期トランプ政権は、従来以上に「保護主義」的「高関税」政策を通じて経済・政治問題を解決しようとする姿勢を強めており、**今やアメリカは自らGATT以来主導してきた貿易自由化に向けたルール作りを根本から否定し始めています。当面、貿易自由化交渉進展に向けたモメンタムはなさそうです。**

宮家の採点

悪魔のささやき
- ❶○ 今のアメリカに自由貿易という発想はない
- ❷○ それでもアメリカ抜きのTPPを守ったのは日本である
- ❸○ バイデン政権も自由化を促進する気は殆どなかった
- ❹○ RCEPは自由化の起爆剤にならない

天使のさえずり
- ❶○ 中国の責任と言うより、中国を加盟させた責任の方が大きい
- ❷○ IT技術の進歩でグローバル化は止まらない
- ❸○ 経済安保の目的はあくまで戦略的である
- ❹○ 世界はデジタル経済ブロック化していく

●本書の見出し(項目名)に登場する各国・地域の基礎データ

(外務省HPを元に作成)

国名	本書のページ	人口	面積	首都	民族	言語	宗教
アメリカ	34	約3億3,650万人(2024年6月、アメリカ統計局推計)	983万3,517km²(50州・日本の約26倍)	ワシントンD.C.	—	主として英語(法律上の定めはない)	信教の自由を憲法で保障、主にキリスト教
イギリス	38	6,760万人(2022年、イギリス統計局推計値)	24.3万km²(日本の3分の2)	ロンドン	—	英語(ウェールズ語、ゲール語等使用地域あり)	英国国教会等
フランス	42	約6,837万人(2024年1月1日、フランス国立統計経済研究所)	54万9,134km²(本土、フランス国立統計経済研究所)	パリ	—	フランス語	カトリック、イスラム教、プロテスタント、ユダヤ教等
ドイツ	46	約8,482万人(2023年6月、ドイツ連邦統計庁)	35.7万km²(日本の約94%)	ベルリン	—	ドイツ語	カトリック(24.8%)、プロテスタント(22.7%)、ユダヤ教(0.1%)
イタリア	50	5,885万人(2023年、IMF)	30.2万km²(日本の約5分の4)	ローマ	—	イタリア語(地域によりドイツ語、フランス語等少数言語あり)	キリスト教(カトリック)が国民の約80%といわれる。その他、キリスト教(プロテスタント)、ユダヤ教、イスラム教、仏教
カナダ	54	約4,010万人(2023年、カナダ統計局推計)	998.5万km²(ロシアに次ぐ世界第2位、日本の約27倍)	オタワ	—	英語、フランス語が公用語	国民の半数以上(53.3%)がキリスト教徒(約29.9%がローマ・カトリック)、約3割(34.6%)が無宗教(2021年、カナダ統計局)
フィンランド	58	約556万人(2023年、IMF)	33.8万km²(日本よりやや小さい)	ヘルシンキ	—	フィンランド語、スウェーデン語(全人口の約5%、2023年、フィンランド統計庁)	キリスト教(福音ルーテル派、正教会)
スウェーデン	58	約1,055万人(2023年、IMF)	約45万km²(日本の約1.2倍)	ストックホルム	—	スウェーデン語	福音ルーテル派が多数
ハンガリー	62	約960万人(2022年、中央統計局)	約9.3万km²(日本の約4分の1)	ブダペスト	ハンガリー人(84%)、ロマ人(2%)、ドイツ人(1%)等(2022年、国勢調査)	ハンガリー語	カトリック約30%、カルヴァン派約10%
北朝鮮	66	約2,578万人(2020年、国連統計部)	12万余km²(朝鮮半島全体の55%、日本の33%に相当)	平壌(ピョンヤン)	朝鮮民族	朝鮮語	仏教徒連盟、キリスト教徒連盟等の団体があるとされるが、信者数等は不明
中国	70	約14億人	約960万km²(日本の約26倍)	北京	漢民族(総人口の約92%)及び55の少数民族	中国語(公用語)	仏教、イスラム教、キリスト教など
台湾	74	約2,342万人(2024年1月)	3.6万km²(九州よりやや小さい)	台北、台中、高雄(主要都市)	—	中国語、台湾語、客家語等	仏教、道教、キリスト教
香港	78	約740万人(2021年)	1,110km²(東京都の約半分)	—	中国系(約92%)	広東語、英語、中国語(マンダリン)ほか	仏教、道教、プロテスタント、カトリック、イスラム教、ヒンドゥー教、シーク教、ユダヤ教
韓国	82	約5,156万人(2023年、韓国統計庁)	約10万km²(朝鮮半島全体の45%、日本の約4分の1)	ソウル	—	韓国語(公用語)	仏教(約762万人)、プロテスタント(約968万人)、カトリック(約389万人)(2015年、韓国統計庁)
ミャンマー	86	5,114万人(2019年推計、ミャンマー入国管理・人口省発表)	68万km²(日本の約1.8倍)	ネーピードー	ビルマ族(約70%)、その他多くの少数民族	ミャンマー語(公用語)、シャン語、カレン語など	仏教(90%)、キリスト教、イスラム教等
フィリピン	90	1億903万5,343人(2020年、フィリピン国勢調査)(注1)	29万8,170km²(日本の約8割)、7,641の島々がある	マニラ	マレー系が主体。ほかに中国系、スペイン系及び少数民族がいる	国語はフィリピノ語、公用語はフィリピノ語及び英語。180以上の言語がある	ASEAN唯一のキリスト教国、国民の83%がカトリック、その他キリスト教が10%、イスラム教は5%(ミンダナオではイスラム教徒が人口の2割以上)
インド	94	14億1,717万人(2022年、世界銀行)	328万7,469km²(インド政府資料:パキスタン、中国との係争地を含む)(2011年、国勢調査)	ニューデリー	インド・アーリヤ族、ドラビダ族、モンゴロイド族等	連邦公用語はヒンディー語、他に憲法で公認されている州の言語が21言語	ヒンドゥー教徒79.8%、イスラム教徒14.2%、キリスト教徒2.3%、シク教徒1.7%、仏教徒0.7%、ジャイナ教徒0.4%(2011年、国勢調査)
アフガニスタン	98	3,890万人(2020年、世界人口白書)	65万2,225km²(日本の約1.7倍)	カブール	パシュトゥーン人、タジク人、ハザラ人、ウズベク人等	ダリー語、パシュトー語(公用語)	イスラム教(主にスンニー派であるが、ハザラ人はシーア派)
イラン	102	8,920万人(2023年、世界人口白書)	164万8,195km²(日本の約4.4倍)	テヘラン	ペルシャ人(他にアゼリ系トルコ人、クルド人、アラブ人等)	ペルシャ語、トルコ語、クルド語等	イスラム教(主にシーア派)、他にキリスト教、ユダヤ教、ゾロアスター教等
トルコ	106	8,527万9,553人(2022年、トルコ国家統計庁)	78万576km²(日本の約2倍)	アンカラ	トルコ人(南東部を中心にクルド人、その他アルメニア人、ギリシャ人、ユダヤ人等)	トルコ語(公用語)	イスラム教(スンニー派、アレヴィー派)が大部分を占める。その他ギリシャ正教徒、アルメニア正教徒、ユダヤ教徒

(注1)5年ごとの改訂:世銀等による毎年の発表は推計であり、先方政府発表に依拠。

〈南米については、見出しに出ているブラジルのみを取り上げ、アフリカは個別の国名が見出しにないため、ここでは割愛している〉

国名	頁数	人口	面積	首都	民族	言語	宗教
イラク	110	約4,550万人(2023年、世界銀行)	約43万8,300km²(日本の約1.2倍)(2023年、CIA)	バグダッド	アラブ人(シーア派約6割、スンニー派約2割)、クルド人(約2割、多くはスンニー派)、トルクメン人、アッシリア人等(1987年、CIA)	アラビア語、クルド語(共に公用語)他	イスラム教(スンニー派、シーア派)、キリスト教他
シリア	114	2,156万人(2022年推定値、CIA The World Factbook)	18.5万km²(日本の約半分)	ダマスカス	アラブ人:約75%、クルド人:約10%、アルメニア人等その他:約15%(2022年、CIA The World Factbook)	アラビア語(公用語)	イスラム教87%(スンニー派74%、アラウィ派、シーア派など13%)、キリスト教10%、ドルーズ派3%(2022年、CIA The World Factbook)
イスラエル	118	約990万人(2024年5月、イスラエル中央統計局)	2.2万km²(日本の四国程度)(注2)	エルサレム(注3)	ユダヤ人(約73%)、アラブ人(約21%)、その他(約6%)(2024年5月、イスラエル中央統計局)	ヘブライ語(公用語)、アラビア語(特別な地位を有する)	ユダヤ教(約74%)、イスラム教(約18%)、キリスト教(約2%)、ドルーズ(約1.6%)(2020年、イスラエル中央統計局)
パレスチナ	122	約535万人(2022年、パレスチナ中央統計局)(西岸地区 約319万人、ガザ地区 約216万人)(注4)	約6,020km²(西岸地区5,655km²(三重県と同程度)、ガザ地区365km²(福岡市よりやや広い))	ラマッラ(西岸地区)(パレスチナ自治政府所在地)	アラブ人	アラビア語	イスラム教(92%)、キリスト教(7%)、その他(1%)
エジプト	126	1億1,099万人(2022年、世界銀行)	約100万km²(日本の約2.7倍)	カイロ	主にアラブ人(その他、少数のヌビア人、アルメニア人、ギリシャ人等)	アラビア語、都市部では英語も通用	イスラム教、キリスト教(コプト派)
アラブ首長国連邦	130	約1,006万人(2023年、IMF)	8万3,600km²(日本の約4分の1。北海道程度)	アブダビ	アラブ人	アラビア語(公用語)、英語	イスラム教
サウジアラビア	134	3,217.5万人(2022年、サウジアラビア国勢調査)	215万km²(日本の約5.7倍)	リヤド	アラブ人	アラビア語(公用語)	イスラム教
ウズベキスタン	138	3,570万人(2024年、国連人口基金)	44万8,969km²(日本の約1.2倍)	タシケント	ウズベク系(84.4%)、タジク系(4.9%)、カザフ系(2.4%)、カラカルパク系(2.2%)、ロシア系(2.1%)等(2021年、ウズベキスタン大統領付属統計庁)	国家語はウズベク語(テュルク諸語に属する。但し、タシケント、サマルカンド、ブハラ等主として都市の諸方言はペルシャ語の影響を強く受けている)。またロシア語も広く使用されている	主としてイスラム教スンニー派
カザフスタン	138	1,980万人(2024年、国連人口基金)	272万4900km²(日本の約7倍)	アスタナ(旧ヌルスルタン)	カザフ系(70.7%)、ロシア系(15.2%)、ウズベク系(3.3%)、ウクライナ系(1.9%)、ウイグル系(1.5%)、タタール系(1.0%)、その他(5.2%)(2023年、カザフスタン国民経済省統計委員会)	カザフ語が国語(ロシア語は公用語)	イスラム教(69.2%)、キリスト教(17.2%)、無宗教(2.3%)、無回答(11.0%)(2021年、カザフスタン国勢調査)
キルギス	138	680万人(2024年、国連人口基金)	19万8,500km²(日本の約半分)	ビシュケク	キルギス系(77.8%)、ウズベク系(14.2%)、ロシア系(3.8%)、ドゥンガン系(1.0%)、ウイグル系(0.5%)、タジク系(0.9%)、その他カザフ系、トルコ系など(2024年、キルギス共和国統計委員会)	キルギス語が国語(ロシア語は公用語)	主としてイスラム教スンニー派
タジキスタン	138	1,030万人(2024年、国連人口基金)	約14万2,600km²(日本の約40%)(UN data)	ドゥシャンベ	タジク系(84.3%)、ウズベク系(12.2%)、キルギス系(0.8%)、ロシア系(0.5%)、その他(2.2%)(タジキスタン共和国大統領府付属統計庁)	公用語はタジク語(イランのペルシャ語やアフガニスタンのダリー語などと共にイラン派の西方言語群に属する)。ロシア語も広く使われている	イスラム教スンニー派が最も優勢。パミール地方にはシーア派の一派であるイスマーイール派の信者も多い
トルクメニスタン	138	660万人(2024年、国連人口基金)	48.8万km²(日本の約1.3倍)	アシガバット	トルクメン系(85%)、ウズベク系(5%)、ロシア系(4%)、その他(6%)等(2003年推計値、CIA World Fact Book)	公用語はトルクメン語(テュルク諸語に属し、トルコ(共和国)語やアゼルバイジャン語に近い)。ロシア語も広く通用	主としてイスラム教スンニー派
ロシア	142	1億4,615万人(2024年1月)(ロシア国家統計庁)(注5)	約1,709万km²(日本の約45倍、米国の2倍近く)	モスクワ	—	ロシア語(公用語)	ロシア正教、イスラム教、仏教、ユダヤ教等
ウクライナ	146	4,159万人(クリミアを除く)(2021年、ウクライナ国家統計局)	60万3,700km²(日本の約1.6倍)	キーウ	ウクライナ人(77.8%)、ロシア人(17.3%)、ベラルーシ人(0.6%)、モルドバ人、クリミア・タタール人、ユダヤ人等(2001年国勢調査)	ウクライナ語(国家語)、その他ロシア語等	ウクライナ正教及び東方カトリック教、その他、ローマ・カトリック教、イスラム教、ユダヤ教等
オーストラリア	154	約2,626万人(2021年12月、豪州統計局)	769万2,024km²(日本の約20倍、アラスカを除く米とほぼ同じ)(出典:ジオサイエンス・オーストラリア)	キャンベラ	アングロサクソン系等欧州系が中心、その他に中東系、アジア系、先住民など	英語	キリスト教43%、無宗教38%(2021年、国勢調査)
ブラジル	158	約2億1,642万人(2023年、世界銀行)	851.2万km²(日本の22.5倍)	ブラジリア	欧州系(約44%)、アフリカ系(約10%)、東洋系(約0.4%)、混血(約45%)、先住民(約0.6%)(2022年、ブラジル地理統計院)	ポルトガル語	カトリック教65%、プロテスタント教22%、無宗教8%(2010年、ブラジル地理統計院)

(注2)数字はイスラエルが併合した東エルサレム及びゴラン高原を含むが、併合は日本を含め国際社会の大多数には承認されていない。
(注3)日本を含め国際社会の大多数には認められていない。
(注4)パレスチナ難民数:約597万人(2024年、UNRWA)(西岸91万人、ガザ159万人、ヨルダン240万人、シリア59万人、レバノン49万人)。
(注5)数値は北方領土、クリミア及びセヴァストーポリを含むが、本記載がこれらに対する我が国の法的立場に影響を与えるものではない。

装丁：一瀬錠二（Art of NOISE）
図版：スタジオアイス
協力：月岡廣吉郎

写真クレジット：P.35　dpa/時事通信フォト／P.52、100、108　AFP＝時事／P.80　Hans Lucas via AFP／P.149、202　EPA＝時事

この作品は、2023年３月にＰＨＰ研究所より刊行された『世界情勢地図を読む』に大幅に加筆・修正を加え、改題して改訂版として発刊したものです。

〈著者略歴〉
宮家邦彦(みやけ・くにひこ)
1953年、神奈川県生まれ。東京大学法学部を卒業後、外務省に入省。外務大臣秘書官、在米国大使館一等書記官、中近東第二課長、中近東第一課長、日米安全保障条約課長、在中華人民共和国大使館公使、在イラク大使館公使、中近東アフリカ局参事官を歴任。2005年8月外務省を退職し、外交政策研究所代表を務める。2006年4月より立命館大学客員教授。2006年10月～2007年9月、安倍内閣で総理大臣公邸連絡調整官。2009年4月～2023年10月、キヤノングローバル戦略研究所研究主幹、2023年11月より、理事・特別顧問。2020年10月～2024年10月、内閣官房参与（菅、岸田内閣）。

トランプ2.0時代のリアルとは？
新・世界情勢地図を読む

2025年4月2日　第1版第1刷発行

著　者	宮　家　邦　彦	
発行者	永　田　貴　之	
発行所	株式会社PHP研究所	

東京本部　〒135-8137　江東区豊洲5-6-52
　　　　　　　　　ビジネス・教養出版部　☎03-3520-9615（編集）
　　　　　　　　　　　　　　普及部　☎03-3520-9630（販売）
京都本部　〒601-8411　京都市南区西九条北ノ内町11
PHP INTERFACE　https://www.php.co.jp/

制作協力　株式会社PHPエディターズ・グループ
組　版
印刷所　TOPPANクロレ株式会社
製本所　東京美術紙工協業組合

© Kunihiko Miyake 2025 Printed in Japan　　　　ISBN978-4-569-85883-8
※本書の無断複製（コピー・スキャン・デジタル化等）は著作権法で認められた場合を除き、禁じられています。また、本書を代行業者等に依頼してスキャンやデジタル化することは、いかなる場合でも認められておりません。
※落丁・乱丁本の場合は弊社制作管理部（☎03-3520-9626）へご連絡下さい。
送料弊社負担にてお取り替えいたします。

PHP新書

気をつけろ、トランプの復讐が始まる

宮家邦彦 著

もしもトランプ氏が再び米大統領になったら、ウクライナ敗北、中東混乱、台湾有事……世界と日本が直面する「最悪のシナリオ」とは？